Alto a la procrastinación

¿Tienes mil ideas y proyectos sin terminar? Descubre cómo hacer el cambio en tu mente e incrementa tu productividad x 10. Incluso si eres un flojo sin remedio

Tabla de Contenidos

INTRODUCCIÓN 5

CAPÍTULO UNO: VENCER A LA PEREZA 9
7 TÁCTICAS PARA VENCER A LA PEREZA 10
10 ALIMENTOS ESENCIALES PARA ESTIMULAR LA ENERGÍA
.... 14
5 TRUCOS PARA ENERGIZARSE Y MANTENERSE
ENERGIZADO 18

CAPÍTULO DOS: AUMENTAR LA PRODUCTIVIDAD 21
MÉTODO ZEN TO DONE (ZTD) 22
8 APLICACIONES DE PRODUCTIVIDAD QUE NECESITAS EN
ESTE MOMENTO TU VIDA EN 26
12 HÁBITOS DE RUTINA MATUTINA PARA LA
PRODUCTIVIDAD 29

CAPÍTULO TRES: ENCENDER TU FUERZA DE VOLUNTAD 33
¿QUÉ SABER SOBRE LA FUERZA DE VOLUNTAD? 33
10 PODEROSAS ESTRATEGIAS PARA AUMENTAR LA FUERZA
DE VOLUNTAD 34
12 TRUCOS GENIALES PARA SENTIRSE
INSTANTÁNEAMENTE MOTIVADO 38

CAPÍTULO CUATRO: DOSIS DIARIA DE AUTODISCIPLINA 46
10 CONSEJOS IMPORTANTESPARA DESARROLLAR UNA
FUERTE AUTODISCIPLINA 47
7 PRÁCTICAS DIARIAS PARA MANTENER LA
AUTODISCIPLINA 52
20 AFIRMACIONES POSITIVAS PARA INSPIRAR
AUTODISCIPLINA 55

CAPÍTULO CINCO: LOGRAR LA CONCENTRACIÓN 57

10 EJERCICIOS DE ATENCIÓN PARA AUMENTAR LA CONCENTRACIÓN 57

5 EJERCICIOS DE PLENA ATENCIÓN PARA DESARROLLAR CONCENTRACIÓN 60

10 MANERAS DE DERROTAR LAS DISTRACCIONES 62

7 ALIMENTOS QUE PUEDEN AYUDAR A AUMENTAR TU PODER MENTAL 65

CAPÍTULO SEIS: DERROTAR LOS MALOS HÁBITOS 68

12 MALOS HÁBITOS QUE ESTÁN MATANDO TU PRODUCTIVIDAD 69

6 MANERAS DE ELIMINAR INMEDIATAMENTE LOS MALOS HÁBITOS 72

6 MANERAS DE CREAR GRANDES HÁBITOS PERMANENTES 78

CAPÍTULO SIETE: DOMANDO LA MENTE 81

12 CONSEJOS INDISPENSABLES PARA DEJAR DE PENSAR DEMASIADO Y CONTROLAR TU MENTE 82

7 TÉCNICAS PARA VENCER EL MIEDO AL FRACASO 86

6 SECRETOS PARA CREAR UNA MENTALIDAD DE ÉXITO 88

CAPÍTULO 8: PLANIFICANDO PARA TU ÉXITO 92

6 TÉCNICAS PARA TENER ÉXITO EN ESTABLECER TUS METAS 93

5 CONSEJOS POCO CONOCIDOS DE EXPERTOS PARA ESTABLCER METAS 95

7 PASOS IMPORTANTES PARA PLANIFICAR EL ÉXITO 101

PLAN PASO A PASO DE 30 DÍAS PARA AYUDARTE A CREAR HÁBITOS Y AUMENTAR TU PRODUCTIVIDAD 104

CONCLUSIÓN 119

INTRODUCCIÓN

El éxito y el fracaso en la vida pueden atribuirse a un hábito cultivado o al otro. Lo que compone tus actividades diarias, los pequeños mecanismos sobre los que se mueve tu vida determinarán en última instancia cuánto terminarás logrando. Los hábitos se convierten en una rutina diaria, y estas rutinas gobiernan nuestras vidas. Todos estos hábitos se han ido formando a lo largo del tiempo, a través de una práctica constante y dedicada. En esta era moderna, la procrastinación se ha incrustado en nuestro ADN. El hábito de postergar las cosas le ha quitado a la mayoría de las personas el éxito abrumador en la vida, mientras que las persuade con recompensas a corto plazo para que se sientan bien por sólo vivir el momento. La procrastinación es un asesino de sueños; un veneno lento que seca tu celo por alcanzar tus metas y te deja revolcándote en la mediocridad. La dilación o procrastinación es cada promesa que te hiciste a ti mismo pero que terminaste rompiendo. Es cuando dejas que las metas que tienes se alejen debido a la falta de motivación. La postergación es el obstáculo que te impidió llegar al lugar en el que te habías imaginado hace cinco años.

La dilación, incluso en su simplicidad, es compleja. No te dejes engañar. En este libro, voy a explicar el concepto de procrastinación en detalle. Para que le puedas hacer frente, tendrás que entender el mecanismo en el que funciona. Una vez que el mecanismo se entienda completamente, entonces se pueden poner en marcha técnicas para interrumpirlo. A lo largo de los capítulos de este libro, te revelaré varios trucos y tácticas usadas por las personas más productivas para superar la dilación. Te enseñaré a hacer buen uso de tu fuerza de voluntad y a mantenerte motivado durante todo el proceso. Sólo necesito que creas que la procrastinación puede ser derrotada y te verás trabajando para superarla.

Soy un instructor de autoayuda con más de cinco años de experiencia en ayudar a las personas a superar los mayores obstáculos para el éxito. A través de los años, he notado que el obstáculo más sutil y peligroso ha sido la procrastinación. Los clientes se acercan y se quejan de cómo han puesto en práctica todos los hábitos de éxito pero no lo han logrado. Parece que olvidan la importancia del tiempo, que es un ingrediente crucial para el éxito. Prepararse para un examen con un mes de anticipación no producirá los mismos resultados que con solo dos días de anticipación. La razón de esto último se debe principalmente a una mentalidad de procrastinación. Es por eso por lo que decidí escribir este libro para ayudar a la gente a identificar los problemas de la procrastinación que obstruyen su estilo de vida.

¡Ahora! Sólo unas pocas personas entienden el poder de esa palabra que encapsula el presente, el proceso de maximizar el hoy. Las oportunidades cotidianas se presentan de manera engañosa. Algunas se identifican rápidamente, y otras necesitan de mucha atención para identificarlas. Sin embargo, aprovechar estas oportunidades es una cosa, maximizarlas en el mismo instante en que se encuentran es otra. Una vez que la procrastinación es atenuada, instantáneamente comienzas a cosechar los beneficios del ahora. Deshacerse de la dilación es simplemente deshacerse de las pesas que te impiden actuar cuando sabes que debes actuar. Cada oportunidad que se te escapa o las ideas que cuelgan en tu cabeza está vinculada a una fecha límite. Una vez que se ha perdido el plazo, se pierde el éxito abrumador de esa oportunidad. Y a veces no volveremos a encontrarnos con tales oportunidades nunca más. Estoy seguro de que esto te ha pasado alguna vez. No te preocupes. Pronto aprenderás a vencerlo.

Alto a la procrastinación

Cada nuevo día para mí viene con un nuevo testimonio de alguien que se ha tomado el tiempo para escuchar y aplicar algunas de las técnicas que pongo en sus manos. De vez en cuando recibo llamadas de personas que se alegran de haber asistido a uno u otro seminario que he dado en el pasado. Sus testimonios son amplios y extensos, de una gama de profesiones que alguna vez habían demostrado estar estancadas antes de que fueran revividas con las técnicas que he estado enseñando. Descubrí que los testimonios de alguna manera se están volviendo abrumadores, y las personas me animaban para que enseñara más y más de mis técnicas. Ahí es donde surgió la visión de este libro. Mi principal objetivo era documentar todo lo que pudiera en un libro para que estos principios pudieran ir a lugares que yo nunca podría alcanzar y continuar con las maravillas que han logrado.

He escrito este libro en un estilo sencillo para no ahuyentar a ninguno de mis lectores. Se presentarán las técnicas a ti, el lector, de tal manera que puedas ser fácilmente entendidas y practicadas. Hay docenas de otros libros por ahí que sólo critican la procrastinación pero nunca proporcionan suficiente información para contrarrestarla. Hay pequeñas cosas que pueden ser identificadas y trabajadas para darle la mejor experiencia mientras persigue sus metas. ¿Sabías que un factor tan insignificante como la dieta puede afectar lo mucho que procrastinas? Por supuesto que nunca oirás eso en ningún otro lugar por eso quédate conmigo para esta experiencia.

Algunas personas han pasado años procrastinando el evitar procrastinar. En esencia, están postergando un milagro en sus vidas, el cambio que podría llevarlos al siguiente nivel. El gran autor, Paulo Coelho, dijo: "Un día despertarás, y no habrá más tiempo para hacer las cosas que siempre has querido hacer. ¡Hazlo ahora! ". El tema de la muerte es un tema sagrado y muy temido, pero es muy importante. Dicho esto, debes tener en cuenta que cada día te estás acercando más a tu muerte. Si no empiezas a cambiar tu vida ahora mismo y a deshacerte de la dilación, pronto mirarás hacia atrás y tendrás un rastro de arrepentimientos siguiéndote.

He oído a la gente decir que las ideas gobiernan el mundo; yo no estoy de acuerdo. En mi opinión, son las ideas con la acción correspondiente las que gobiernan el mundo. Cualquier vida sin acción es una vida sin resultados, y ¿De qué vale vivir la vida sino habrá resultados que mostrar? Nada en este libro valdrá la pena leer si no estás listo para aplicar los principios establecidos que se te darán a conocer. Tu mente continuará engañándote para que postergues el proceso de cambio, pero depende de ti el derrotar esos bloqueos mentales y tomar acción. Estaré almacenando tu arsenal con las armas necesarias para derrotar a ese enemigo que evita que alcances todo tu potencial.

CAPÍTULO UNO: VENCER A LA PEREZA

La pereza puede tener diferentes nombres en diferentes momentos. Algunos se refieren a ella como pereza, otros la llaman ociosidad o un estado mental carente de sentido. Pero sea cual sea el nombre, todos estamos de acuerdo en que la pereza en cualquier forma es un rasgo indeseable que puede alejarte del éxito. La pereza es un estado mental, un problema psicológico. Puedes referirte a la pereza como la falta de voluntad para consumir la energía almacenada. O puede decirse que es una falta de voluntad para llevar a cabo una tarea que sientes que es difícil, aburrida o que consume tiempo. Naturalmente, el ser humano es perezoso, y se necesita un esfuerzo adicional para superar esta naturaleza innata y hacer las cosas bien. Es naturalmente más fácil acostarse todo el día y no hacer nada, perder los objetivos y ver cómo pasa el tiempo. Parece que los humanos estamos simplemente condicionados a vivir en la mediocridad, a estar cómodos con cualquier cosa que no desafíe nuestra existencia o supervivencia. Y esta es la raíz de la pereza, el fundamento sobre el que existe la procrastinación.

Desde una edad temprana, el cuerpo humano siempre ha estado empeñado en la gratificación instantánea. Pero la verdad es que, tus sueños y aspiraciones tomarán tiempo antes de que se hagan realidad. Permitir que la pereza se convierta en la orden del día te hará ver cómo las semillas que has plantado con el tiempo se secan ante tu cara. Relacionando esto con la actualidad, buscamos personas que vivan absolutamente para nada. Nada los inspira, nada los incentiva a lograr más, o a hacer más para cambiar su mundo. Vemos gente que ha aceptado la vida simplemente por lo que es. Los avances tecnológicos y los cambios en la sociedad han ayudado a facilitar aún más la "Causa de la pereza". Ahora vivimos en un mundo en el que puedes quedarte en casa todo el día y que te traigan todo a la puerta de tu casa: la comida, la ropa limpia, los comestibles, etc. Así que la pregunta sigue siendo: "¿Por qué trabajar, cuando todo se puede hacer por ti?"

La pereza y tus metas

Por supuesto, puedes sentirte cómodo con la pereza y vivir el resto de tu vida sin preocuparte por nada. El hecho es que terminarás en la mediocridad y sin logros tangibles de los que jactarse. Pero si usted es el tipo de persona que realmente vive para algo, que tiene un plan para superar su nivel actual y convertirse en una historia de éxito con la que tu familia y amigos querrán identificarse, entonces la pereza no es una opción.

Una de las razones por las que las personas no están motivadas para trabajar es que no pueden ver la belleza después de lograr las metas a largo plazo. Su pereza existe simplemente porque se siente incómodo con su estado actual. Una vez que tomas la decisión de dejar tu estado actual y entrar en la siguiente fase de la vida, la pereza comienza a temblar botas sabiendo que está a punto de ser eliminada. Eso es lo que deberías hacer ahora. No posponga la eliminación de la pereza de tu vida. Cuanto más posponga la acción que necesita tomar, más tiempo tardará en que tus sueños se haga realidad.

7 TÁCTICAS PARA VENCER A LA PEREZA

A nadie le gusta ser perezoso. Esa es una verdad graciosa. La mayoría de las personas que han descubierto rasgos de pereza en su vida diaria no están totalmente de acuerdo con la situación. La parte dolorosa es que averiguar qué hacer con la pereza es difícil. Piensa en tu vida en este momento: ¿Cuáles son esas cosas que le gustaría mejorar respecto a las relaciones familiares, las perspectivas de carrera o el estado financiero? Todas estas cosas son alcanzables; pueden ser mejoradas para producir resultados envidiables. Hay tácticas que pueden ser implementadas para ayudarte a superar la pereza en este sentido y salir con un éxito abrumador. Vamos a revisar algunos de ellos:

1. **Tener una estrategia claramente definida**

La pereza ni siquiera puede ser superada si no se ha puesto una estrategia para lograr una meta en particular. Digamos que quieres levantarte de la cama por la mañana y lograr algo para el día. Necesitarás tener una lista de acciones preparadas para el día para ayudarte a identificar por dónde debes empezar. De hecho, el tener una estrategia bien estructurada es la mitad del trabajo para derrotar a la pereza. La cuestión importante aquí es: ¿Qué es lo que quiero y cómo voy a hacerlo? Ten una sesión de lluvia de ideas e identifica maneras de lograr tus metas. ¿Adónde tienes que ir? ¿Con quién necesitas hablar? ¿Cómo vas a hacer una cosa o la otra? Escríbalas desde el principio del proceso hasta el final. Una cosa que notarás al realizar tus planes es la alegría que sentirás al verlos cumplidos. Ese es un paso en la dirección correcta.

2. **Ser consciente de sí mismo**

La pereza es una bestia sigilosa. Necesitas saber cuándo está cerca. O tal vez lo sabes, pero no puedes hacer nada al respecto. Una manera de abordar la pereza es la capacidad de identificar lo que es la pereza. La pereza para ti puede ser sentarse a través de cientos de películas de Netflix todo el día y no hacer nada, pero eso no es pereza para un analista de cine o un crítico que se le paga para ver y evaluar las películas. Otras personas pueden pasar horas en una bañera llena de burbujas y beber vino tinto de una copa. Eso puede ser visto como relajación, pero en algún momento, se convierte en pereza absoluta.

Debes saber cómo identificar cuando tu relajación se ha deslizado gradualmente hacia la pereza. Una vez que hayas sido capaz de identificar la presencia de la pereza, entonces te será más fácil luchar contra ella.

3. **Aprende a amar las cosas que haces**

Si a no te gusta una actividad, siempre te faltará las ganas de hacerlo. A veces, las personas no son perezosas, pero no están motivadas para realizar una determinada tarea, y eso resulta en "pereza". Hay estudiantes sobresalientes que procrastinan el escribir sus ensayos de inglés porque odian escribir, pero pueden pasar horas y horas en operaciones de cálculo. Ahora, estos estudiantes no son necesariamente perezosos, pero escribir ensayos no es algo que les guste. A pesar de que podrían terminar realizando ensayos maravillosos, les falta la motivación para empezar, lo que los llevó a postergarlo.

Aprender a apreciar lo que sea que necesites hacer es una habilidad que necesita ser desarrollada con el tiempo. Puede ser un proceso lento o gradual, pero al final, seguramente valdrá la pena. Adquirir la mentalidad correcta definitivamente tendrá un efecto drástico en cuanto a lo que se puede hacer.

4. **Establezca un marco de tiempo**

Podría oscilar entre 10 minutos y una hora, y en este período proponte que no haya ninguna pausa hasta que hayas llevado a cabo esa tarea. ¿Tienes trabajo de tesis que escribir? Siéntate al frente de tu computadora y escribe durante los próximos diez minutos y ve hasta dónde puedes llegar con eso. Pon una alarma para medir cuánto puede hacer dentro de ese período de tiempo. Usualmente, tu mente estará inmediatamente condicionada para seguir adelante después de esa tarea. De hecho, tu mente podría entusiasmarse con el próximo desafío, viendo cuánto ha sido capaz de lograr en diez minutos. Una vez que te involucras en el proceso, es muy tentador dejar de hacerlo. Después de conquistar el desafío de 10 minutos, puedes ir más lejos y seguir presionándote a ti mismo. Busca un punto de referencia de 30 minutos y vea cómo te va. Luego, ve por una hora, y así sucesivamente. Pero recuerda que la disciplina es la clave aquí. Si estás fallando en permanecer quieto por 10 minutos, hay una buena probabilidad de que no tendrás éxito a los 30 minutos. Por lo tanto, antes de seguir adelante, asegúrate de que tu cuerpo entienda ahora lo que significa sentarse y trabajar durante 10 minutos.

5. **Cierre cualquier ruta de escape por el momento.**

¿Cuáles son esas cosas que pueden constituir distracciones para ti y hacer que te vuelvas perezoso y procrastinar? Pregúntate a ti mismo: ¿A dónde escapo siempre que no estoy dispuesto a trabajar? ¿Podría ser un libro, o un videojuego, o incluso Instagram? Sea lo que sea, debe ser removido y llevado lejos de ti. Desinstala esas aplicaciones si es necesario. Guarda esas consolas de juego en un cajón si es necesario. Haz estas cosas hasta que hayas logrado algo que valga la pena.

6. **Repréndete a ti mismo**

Cuando no hay nadie más que controle tus excesos, tienes que hacerlo por ti mismo. Cuando ya no vivas con tus padres o con alguien mayor que te que pueda gritar para que salgas de la cama, deberías ser capaz de hacerlo por ti mismo. Recuerda que tu cuerpo y tu mente están construidos para servirte, y se vuelven bastante inactivos cuando se les permite hacerlo. Sé estricto contigo mismo. Podrías llamarlo disciplina, pero esa palabra ha sido usada en exceso y tiene poco valor. Habla contigo mismo y di las cosas que tienes miedo de decirte a ti mismo. De esa manera, tu mente entenderá que ya no estás jugando.

7. **Ve los beneficios**

Siempre hay algo para ti cuando realizas una tarea. Identifica estos beneficios y reflexiona sobre ellos. Tómate tu tiempo para apreciarlos y ver un futuro en el que todos ellos se han logrado con éxito. Imagínate las aventuras que podrías encontrar con sólo vencer la pereza y dar el primer paso. Por supuesto, habrá dificultades, obstáculos y cosas por el estilo, pero no te obsesiones con ellos. Sólo te desanimarán y arruinarán el momento.

10 ALIMENTOS ESENCIALES PARA ESTIMULAR LA ENERGÍA

Muchas personas notan que se cansan fácilmente, incluso después de realizar pequeñas actividades en algún momento del día. Todos hemos estado allí en un momento u otro. Son las 12 de la tarde y ya te has dado cuenta de que no puedes pararte de una silla. Tu cuerpo de repente se vuelve más pesado. Comer cualquier tipo de comida durante este tiempo no ayuda. Ten en cuenta que los alimentos ricos en grasa y calorías te dejarán más fatigado de lo que estaba antes de comerlos. Por lo general, requieren más energía para su digestión.

La falta de energía puede afectar drásticamente tu rendimiento y tu voluntad de trabajar. La verdad es que la cantidad y la calidad de los alimentos que comes pueden afectar enormemente tus niveles de energía a lo largo del día. Hay una variedad de alimentos que se sabe que dan energía, pero sólo un puñado de estos contienen los nutrientes esenciales necesarios para aumentar los niveles de energía y mantenerte alerta durante todo el día. Los alimentos como el azúcar o los carbohidratos refinados pueden dar sacudidas rápidas de energía que mueren en cuestión de horas. Pero el cuerpo necesita energía que sea más sostenible, y esto sólo puede provenir de una dieta bien planificada. Come los siguientes alimentos y ve lo mucho que te ayudarán a combatir la pereza.

1. Arroz Integral

Este no es el primer alimento que puede venir a la mente en cuanto al suministro de energía, pero el arroz integral hace maravillas. A diferencia del arroz blanco, el arroz integral es menos procesado y conserva más valor nutricional en forma de fibra. El arroz integral es muy rico en manganeso, y convierte las proteínas y los carbohidratos en combustible para energizar el cerebro y el cuerpo. Este alimento libera energía lenta y constantemente a lo largo del día, ayudando a mantenerte motivado y alerta. El arroz integral se puede servir con verduras para mejorar su función de suministro de energía.

2. Batatas o Camotes

Aparte de su sabor casi azucarado, las batatas son también muy buenas fuentes de energía. Son muy ricos en carbohidratos, betacaroteno (vitamina A) y vitamina C, que mantienen la fatiga a raya durante todo el día. Una batata de pequeño tamaño podría contener unos 22 gramos de carbohidratos, el 28% del ADR(Aportes Dietéticos Recomendados) para el manganeso y un impresionante 438% de la ADR para la vitamina A. El cuerpo digiere las batatas a un ritmo muy lento, lo que le proporciona un suministro constante de energía. Las batatas se pueden freír o hervir y tomar con salsa de tomate.

3. Plátanos

Los plátanos están compuestos principalmente de azúcares como glucosa, fructosa y sacarosa. También tienen cierta cantidad de fibra. Los plátanos son una muy buena fuente de carbohidratos, potasio y vitamina B6, todos ellos conocidos por proporcionar al cuerpo una energía constante. Come un plátano con maní como un buen piqueo o agregue rebanadas de plátano cereal matutino y observa cómo te mantiene con energía durante todo el día.

4. Miel

Una cucharada de miel es tan poderosa como media taza llena de bebida energética. La miel generalmente actúa como combustible muscular durante el ejercicio y ayuda a reponer los músculos después de una sesión de entrenamiento.

5. Huevos

Un solo huevo contiene aproximadamente 70 calorías en total, más otros 6 gramos de proteínas. La leucina, un aminoácido presente en los huevos, ayuda a las células a absorber más azúcar en la sangre, estimula la producción de energía en las células y aumenta la descomposición de la grasa para producir energía. La energía liberada de un huevo se suministra muy lentamente para que el cuerpo la utilice. Los huevos también son muy ricos en vitaminas B que ayudan a las enzimas a desempeñar su papel en el proceso de descomposición de los alimentos. También se sabe que los huevos contienen más nutrientes en una caloría que la mayoría de los demás alimentos. Estos nutrientes pueden ayudar a mantener el hambre alejada durante un largo período de tiempo. Puedes comer huevos revueltos, hervidos, fritos o en forma de tortilla.

6. Frijoles

Los frijoles son muy ricos en proteínas, y habitualmente se cree que las proteínas no proporcionen energía. Pero esa es una creencia equivocada. Los frijoles son una gran fuente de energía, especialmente si eres vegetariano. Contiene una gran cantidad de fibra que ralentiza la digestión. También es rico en magnesio que suministra energía directamente a sus células.

7. Café

El café le proporciona ese golpe matutino que necesitas para estar alerta y preparado para las actividades del día. Sí funciona, y es por eso por lo que mucha gente toma una taza de café cada mañana para empezar el día. El café tiene un alto contenido de cafeína que pasa rápidamente del torrente sanguíneo al cerebro, donde inhibe la actividad de la adenosina, un neurotransmisor que calma el sistema nervioso central. Pero no se debe abusar de ella. Cuando se toma en exceso, puede ponerlo nervioso e interferir con su sueño.

8. Chocolate negro

Este suena extraño, ¿Verdad? Déjame explicarte. El chocolate negro contiene más cacao que el chocolate con leche normal o cualquier otra forma de chocolate. Contiene antioxidantes que ayudan en el flujo sanguíneo alrededor del cuerpo, ayudando así a la propagación de la energía. Debido a esto, el oxígeno es entregado más efectivamente al cerebro y a los músculos. Además, el aumento del flujo sanguíneo causado por estos antioxidantes también ayuda a reducir la fatiga mental y ayuda al estado de ánimo.

9. Aguacates o Paltas

Son altamente ricos en grasas y fibras saludables. Las grasas ayudan a facilitar los niveles de grasa en la sangre y estimulan la absorción de nutrientes del torrente sanguíneo. También se almacenan en el cuerpo y se utilizan para obtener energía cuando es necesario. La fibra de los aguacates, que representa alrededor del 80% del contenido total, puede ayudar a mantener un flujo de energía constante alrededor del cuerpo. Los aguacates también contienen muchas vitaminas B que son necesarias si las mitocondrias celulares tienen un rendimiento óptimo.

10. Frutos secos

Las nueces y las almendras contienen suficientes ácidos grasos omega-3 y omega-6, y antioxidantes que pueden aumentar los niveles de energía y la distribución en el torrente sanguíneo. Las nueces tienen altas calorías, proteínas, carbohidratos y grasas. Todos estos son nutrientes que las nueces liberan lentamente a lo largo del día, manteniéndote energizado. Las vitaminas y minerales como el manganeso, el hierro y la vitamina E son algunos de los tesoros que se pueden encontrar en los frutos secos. Todos estos dan pequeños golpes de energía a su manera.

5 TRUCOS PARA ENERGIZARSE Y MANTENERSE ENERGIZADO

Mantenerse energizado durante todo el día es una manera segura de controlar la pereza y prevenir la procrastinación. La energía a la que se hace referencia aquí puede ser energía mental, energía física o energía psicológica. Una deficiencia en cualquiera de los siguientes puede causar una desaceleración del otro proceso corporal. Hoy en día, es común descubrir que te has quedado sin energía y que has perdido tu entusiasmo por la vida. No hay nada que genere más procrastinación que eso. Si descubres que de repente te falta energía para seguir adelante, entonces hay muchos trucos que puedes realizar para obtener más energía.

1. **Haz algo divertido**

Este puede ayudarte a lidiar con el estrés mental. El cerebro es un órgano sensorial amante de la diversión que odia la monotonía y el aburrimiento. Una vez que has realizado una tarea durante tanto tiempo y el cerebro se cansa de realizarla, el entusiasmo por volver a ella por segunda vez y realizarla nunca estará ahí. Porque el cerebro temerá ese momento. Haz una pausa y haz que tu cerebro haga algo diferente. Levanta a tu gato y acaricie su pelaje. Juega un poco al escondite con el perro. Escuche música mientras trabajas. Asegúrate de añadir un poco de diversión a lo que sea que esté haciendo, pero debes asegurarte de no distraerte. Después de un tiempo, deberías volver al trabajo.

2. **Toma una breve siesta energética**

Evite la tentación de seguir trabajando e ignora el cansancio y el estrés. No eres una máquina, e incluso las máquinas descansan. Una vez que sientas la somnolencia, tomate unos minutos y duerme un poco. Puedes simplemente inclinar la cabeza en tu mesa para reponer la mente y tu estado de alerta. Si tan sólo pudieras entender la maravilla de una siesta corta. Es como reiniciar un sistema. Todo sale nuevo y refrescado, listo para una nueva fase.

3. **Sal**

Toma un poco de sol y aire fresco. Tu propio cuerpo siempre está anhelando un nuevo ambiente de vez en cuando. Si has estado en una oficina con aire acondicionado durante horas, es hora de que vaya a respirar aire fresco a un lugar más natural. Camina hasta un parque y contempla el paisaje. Observa a los niños jugando con sus mascotas y sonríe un poco. Quién sabe, puede que te inspires para el próximo proyecto de arte.

4. **Juega juegos mentales**

Haz que tu cerebro y tu mente funcionen. Su inactividad podría ser la razón de su falta de energía. Haz algo que desafíe tu mente, cerebro y patrones de pensamiento. Lee un artículo de Internet o una historia corta de un libro. Juega al ajedrez con tu ordenador. Haz una lluvia de ideas con tus colegas. Todas estas cosas ponen en marcha tu cerebro y tu cuerpo instantáneamente hará lo mismo.

5. **Reduce tu carga de trabajo**

Una de las principales razones de la fatiga y la pérdida de energía es el tamaño de la carga de trabajo. Con una gran carga de trabajo, puede hacer muchas cosas mal o hacer sólo unas pocas correctamente. Optimiza tus actividades diarias para que el estrés pueda ser controlado. Presta más atención a las actividades más importantes. Luego, considera la posibilidad de obtener ayuda si lo crees necesario.

CAPÍTULO DOS: AUMENTAR LA PRODUCTIVIDAD

La productividad es el opuesto directo de la pereza. Una vez que la pereza ha sido derrotada con éxito, la productividad viene después. La productividad requiere un enfoque de paso a paso para que se logre. No se trata de una actividad aislada. Por eso es necesario establecer sistemas para que las cosas se hagan cuando deben hacerse. Este sistema definirá tu forma de hacer las cosas, tus métodos y procesos. Estos sistemas pueden ser desarrollados o pueden ser aprendidos. En este capítulo, te voy a mostrar algunos sistemas que pueden ayudarte a hacer las cosas y ser más productivos.

MÉTODO: GETTING THINGS DONE (GTD) El método GTD u Organízate con eficacia es una manera efectiva de organizar y hacer un seguimiento de tus tareas y proyectos. El objetivo principal del método de productividad GTD es garantizar una confianza del 100% en un sistema de recopilación de tareas, ideas y planes. El GTD le proporciona una manera de hacer un seguimiento de lo que necesitas hacer por tiempo y cómo debes hacerlo. Una vez que el sistema GTD se ha logrado, la cantidad de estrés que por la que pasas tratando de recordar todas las cosas que se deben hacer continuamente se reducirá en gran medida. También se ahorra tiempo a largo plazo. El GTD funciona manteniendo listas con un papel y un bolígrafo. Las principales listas que tendrás que hacer con el método GTD incluyen:

1. Lluvia de ideas

Esta lista contiene todas tus ideas principales y puntos de acción a medida que se te ocurren. Simplemente apúntalas cuando lleguen a ti y asegúrate de que no te pierdas ni una sola cosa. Puedes usar un bloc de notas y un bolígrafo para esto o una aplicación en tu teléfono. Sólo hazlo con lo que mejor funcione para ti. Lo importante es que no te pierdas nada a medida que llegan las ideas.

2. Próxima Acción

Esta lista contiene todas las posibles acciones que puede que quieras tomar en un futuro próximo. De esta lista, escogerás lo que tendrás que hacer cuando estés menos ocupado.

3. En Espera

Los elementos de esta lista son aquellos que te hacen anticipar que algo va a suceder. Digamos que has asignado una tarea a alguien y estás esperando su respuesta. La lista de espera es la lista perfecta para anotar eso. Anota eso con una fecha actual para que pueda llevar un registro del progreso de la persona.

4. Proyectos

Un proyecto en este sentido se refiere a cualquier tarea que requiera más de una acción para su realización. Todas estas tareas deben estar incluidas en tus listas de proyectos. Puedes hacerlo más interesante escribiendo los detalles de cada proyecto para que pueda ser utilizado como guía.

Además de estas listas, es posible que necesites un pequeño calendario para realizar un seguimiento de las tareas y eventos que dependen del tiempo.

MÉTODO ZEN TO DONE (ZTD)

El método Zen to Done fue desarrollado específicamente por el estratega de productividad Leo Babauta para ayudar a los individuos a construir hábitos paso a paso mientras trabajan a través de un sistema de gestión del flujo de trabajo. El ZTD enseña a uno a formar un hábito positivo tras otro. Hace que todo el proceso sea mucho más fácil cuando estas cosas se abordan de esta manera. Algunas personas han descubierto que se desempeñan mejor usando el método ZTD que el método GTD. La clave aquí es encontrar cuál de ellos funciona mejor para ti. Hay diez hábitos que deben ser adoptados uno a la vez en el transcurso de treinta días. Experimenta con ellos hasta que notes cambios en tu patrón de hábito.

1. **Recopilar**

   Anote tus ideas en un libro o en un cuaderno de notas. Escribe todas las tareas, ideas o proyectos que te vengan a la mente en cualquier momento. Esto es diferente del estilo GTD porque el ZTD le obliga a llevar una herramienta más simple como un cuaderno o una pila de cartas, que son más fáciles de llevar.

2. **Procesar**

   No permitas que las cosas se amontonen y le den combustible a tu procrastinación. Procesa tu correo electrónico, mensajes de voz, etc. Toma una decisión sobre todos esos elementos a medida que trabaja: elimínalos, delégalos, archívalos o hazlo más tarde.

3. **Planificar**

   Fija las cosas que desea lograr cada semana. Asegúrate de que cada día sea un paso adelante para lograr ese gran proyecto de la semana. Asegúrate de lograr algo diariamente.

4. **Realizar**

   Elimina todas las distracciones y ponto a trabajar. Despeja tu escritorio de trabajo y tu mente para que puedas tener aún más enfoque. Con la distracción fuera del camino, fija un temporizador y concéntrate en la tarea el mayor tiempo posible. No trates de hacer varias cosas a la vez.

5. **Utilizar listas y herramientas simples**
Mantenga sus listas tan simples como sea posible. No permitas que las herramientas utilizadas en ZTD te distraigan de alcanzar la productividad. No luches con las herramientas. Pronto, puede que descubras que el sistema se ha vuelto demasiado complicado para que puedas seguir adelante con él.

6. **Organizar**
Todo lo que te pertenece debe tener a un espacio en tu casa. Una vez que haya terminado de usar un objeto, debe ser devuelto a ese espacio. Crea un sistema organizado que funcione y te ayude a hacer un seguimiento de tus artículos. Trata el hábito de organización como cualquier otro hábito que se deba mejorar y trabajar para desarrollarlo. Dentro de 30 días habrá resultados espléndidos.

7. **Realizar una revisión semanal**
Selecciona algunas de las metas a largo plazo en las que te gustaría enfocarte y lograr en un marco de tiempo de seis meses a un año. La elección de muchos objetivos sólo te dejará abrumado sin ningún éxito tangible. Divide una meta a largo plazo en metas a mediano plazo que tardarán menos tiempo en cumplirse. Crea metas semanales a corto plazo para cada una de estas otras metas. Cada semana, haz una revisión de lo lejos que has llegado en el logro de esa meta a corto plazo durante la semana.

8. **Simplificar**
Sus objetivos deben reducirse a lo esencial. Haz una breve revisión de todas tus tareas y proyectos y averigua si puedes

simplificarlos. Incluso cuando los simplifiques, asegúrate de que se alinean con las metas anuales finales para que no te alejes de tu meta lentamente. Selecciona sólo las cosas que importan.

9. **Establecer una rutina y seguirla**
   Construye y desarrolla rutinas que importen. Algunas de ellas pueden incluir la meditación, dar un paseo cada mañana o leer al menos una página cada día. Estas rutinas pueden ser desarrolladas para diferentes momentos del día, ya sea en la noche, en la mañana o en la tarde. Además, desarrolla una rutina diaria para los diferentes días de la semana.

10. **Encuentra tu pasión**
    Este último es muy importante. Si eres un apasionado de tu trabajo, el impulso de postergar su realización se reducirá en gran medida o se apagará totalmente. Busca constantemente las cosas que te apasionan y persíguelas por un bien mayor. Si es posible, haz una carrera practicándolos. Tener tal lista te dará la satisfacción que anhelas mientras realiza cada una de esas tareas y proyectos.

Alto a la procrastinación

8 APLICACIONES DE PRODUCTIVIDAD QUE NECESITAS EN ESTE MOMENTO TU VIDA EN

Una aplicación de productividad es un software que facilita tu trabajo y te ayuda a hacer las cosas en menor tiempo. Con la ayuda de procesadores más rápidos y una conectividad más amplia, nuestros smartphones se han convertido en una especie de asistentes personales para nosotros. Si el objetivo es mejorar tu nivel de productividad, algunas de las aplicaciones listadas a continuación deberían estar en la parte superior de tu lista. Cada año, más y más de estas aplicaciones son lanzadas, proporcionando nuevas y mejoradas formas de mantenerse al tanto de las actividades. Aquí están algunas de las aplicaciones esenciales que pueden aumentar la productividad.

1. ToDoList

Esta aplicación ha sido descargada más de 7 millones de veces desde varias plataformas de tiendas de aplicaciones. Todo lo que tienes que hacer es anotar todo lo que necesitas hacer, y la aplicación sigue adelante para interpretar y categorizar todas tus tareas basándose en las entradas. Las aplicaciones te ayudan a ti y a tu equipo a mantenerse al día mientras planifican proyectos, discuten los detalles y supervisan los plazos. La aplicación cuesta $36 por año para una versión premium y $60 por año para tener acceso completo a todo su equipo.

2. TeamViewer

Esta asombrosa aplicación te permite acceder a todos tus dispositivos remotos sin importar desde donde los estés viendo. Puede estar en un lugar y la aplicación se conecta instantáneamente a los archivos que necesitas y que actualmente se encuentran en otro lugar. La conexión también va tan lejos como para darle la posibilidad de realizar reuniones de audio, videoconferencias y opciones para compartir archivos. Con todas estas características, la colaboración con una mayor variedad de personas se hace más fácil y las cosas se hacen más rápido. La aplicación está disponible para usuarios de iOS y Android.

3. Yelling Mom

Yelling Mom es una aplicación divertida de usar. Se basa en los principios de una madre regañona que no te deja respirar hasta que hayas hecho lo que te dijo que hicieras. Una vez programada una tarea, la aplicación te recordará la tarea antes de que se acabe el plazo de entrega haciendo uso de algunas molestas alertas como una sirena o el silbato de un árbitro.

4. Serene

Serene está diseñado específicamente para manejar las distracciones y ayudarte a dar más concentración a las cosas que se deben lograr para ese día. La aplicación se encuentra actualmente en una fase beta privada, y necesitarás una invitación para poder utilizarla. Pero vale la pena estar atentos a su lanzamiento.

Una vez que haya establecido tu meta para el día, se te pedirá que la dividas en sesiones más pequeñas que durarán de 30 a 60 minutos cada una. Establece un marco de tiempo que sea lo suficientemente largo para completar la meta. Una vez que se inicia una sesión, la aplicación bloquea cualquier aplicación que pueda resultar ser una distracción. Aparece una cuenta regresiva en la pantalla mientras trabajas, y hay una opción para reproducir música relajante.

5. Coach.me

Coach.me es una plataforma que te conecta con entrenadores en línea que te ayudarán a alcanzar tus objetivos. Encontrarás diferentes entrenadores que son especialistas en diferentes categorías entre las que puedes elegir. El coaching se hace por correo electrónico, y es hermoso porque puedes conocer a alguien y hacer un amigo a medida que cambias tus hábitos. Los entrenadores responderán a cualquier pregunta que tengas.

6. Loop

Loop es una aplicación exclusiva para Android, y emplea un enfoque bastante diferente para ayudarte a concentrarse en las tareas. Loop es una aplicación para crear hábitos. En lugar de alejarte de los malos hábitos, te ayuda a formar otros nuevos y beneficiosos. Loop te ayudara a invertir más tiempo en lo que sea que debas hacer. Las principales características de esta aplicación incluyen

- Establecer un objetivo para las cosas que tú inviertes más tiempo haciendo
- Proporcionar un puntaje para determinar qué tan bien te estás desempeñando en el desarrollo de nuevos hábitos
- Establecer recordatorios para energizarte cuando la pereza se instala

7. HelloSign

HelloSign elimina el problema de la firma de un gran número de documentos al dar la opción de firmarlos electrónicamente. Todos los documentos que se firman a través de esta aplicación son legalmente vinculantes porque la firma sigue siendo real y no está diseñada electrónicamente. Un beneficio adicional es que todos los documentos firmados a través de la aplicación están organizados para que no pierdas tiempo clasificándolos cuando los necesites.

8. Drafts

Tomar notas y llevar un diario es cada vez más fácil con la aplicación Drafts. Una vez que se realiza una nueva entrada, la aplicación las etiqueta y las ordena rápidamente. Puedes utilizar algunas de las herramientas de la aplicación para convertir tus notas en mensajes de correo electrónico, tweets o documentos.

12 HÁBITOS DE RUTINA MATUTINA PARA LA PRODUCTIVIDAD

Una buena mañana siempre resulta en un buen día. Y tu rutina matutina parece ser realmente un factor importante que establece el tono para el resto del día. El éxito de tu día depende de los pequeños detalles de la mañana. Tienes que entenderte a ti mismo y la forma en que funciona tu cuerpo para ser capaz de captar todo el potencial de tu rutina matutina.

Se ha comprobado que las rutinas matutinas ayudan a algunas de las personas más exitosas del planeta a alcanzar sus objetivos. Una vez que se pierde la productividad por la mañana, siempre es difícil lograrla en cualquier otro punto del día. Aquí estudiaremos una sencilla rutina matutina que te ayudará a aumentar tu productividad durante el día.

1. Despierta de forma natural

Para una persona, a las 4 AM es la hora perfecta para levantarse y comenzar el día. Para otra persona, un día perfecto comienza a las 6 de la mañana. Para la segunda persona no es mejor despertar a las 6 de la mañana solo por ser unas horas después. Tómate tu tiempo para levantarte de la cama. No estoy predicando la pereza aquí, pero hay veces en que el cuerpo mismo todavía necesita más tiempo para levantarse de la cama. Salir de la cama antes de tiempo es una forma segura de crear caos. Lo más importante es poner a tu cuerpo en sintonía. Algunas personas funcionan mejor durante la noche y terminan levantándose tarde de la cama. Han sido productivos al menos durante ese día. Sólo asegúrate de que tu cuerpo permanezca alerta cuando llegue el momento de trabajar. Descansar la mente y el cerebro durante mucho tiempo en la cama es mejor que permanecer fuera de la cama y quedarse dormido durante todo el proceso. No conseguirás nada de esa manera.

2. No tomes decisiones importantes por la mañana

Es mejor que pases la noche anterior escribiendo las ideas y prepararte para el día siguiente. La fuerza de voluntad para hacer buenas elecciones y decisiones se reduce considerablemente por la mañana, y puede ralentizar el rendimiento de tu cerebro a un nivel óptimo. El que tengas todo el día planeado desde la noche anterior, ayudará a que tu mente se prepare inmediatamente y empiece a trabajar en las actividades del día.

3. Inicia el día con ejercicio

Es posible que haya escuchado esto unas mil veces, pero nunca se insistirá lo suficiente en la importancia del ejercicio para tu cuerpo. Tu cuerpo te está rogando que lo entrenes y lo desahogues. Las personas que hacen ejercicio a primera hora durante un día de trabajo son generalmente conocidas por poseer más energía para el día que otras. No tienes que ir a un gimnasio. Puedes caminar hasta la estación de tren, saltar cien veces o hacer otra cosa que estire tu cuerpo.

4. Limpia y despeja tu espacio de trabajo

Un espacio de trabajo despejado te dará más concentración y productividad. Cuando todo está desorganizado, tu capacidad de rendimiento óptimo se reduce. Las personas que trabajan en un ambiente limpio y organizado son generalmente más productivas que otras que se sienten cómodas con el desorden. El desorden te hace perder tiempo porque tus artículos de trabajo se perderán fácilmente.

5. Completa las tareas más duras y tediosas por la mañana

Una cosa hermosa de la mañana es que tu mente está lo más clara posible. Tu ambiente interno es sereno y está listo para funcionar durante el día. Debes priorizar esta oportunidad y realizar tus metas, especialmente aquellas que te importan más. Arregla todas esas cosas antes de que tus emails empiecen a llegar, y el celular empiece a sonar. Una vez que elimines esas tareas, el resto del día se desarrollará sin problemas.

6. Toma un vaso de agua fría

La hidratación ayuda a dar vida a tu cuerpo. Durante todo el tiempo que durmió, tu cuerpo permaneció con agua dulce entrando al sistema. Una vez que el agua entra en tu sistema, hace que sus músculos funcionen y proporciona a tu cuerpo nueva energía para el día. Uno de los mayores indicadores de baja energía es un cuerpo deshidratado. Comienza tu mañana refrescado tomando un vaso lleno de agua pura y fría y observe las maravillas que hará por tu cuerpo.

7. Reduce el tiempo que pasas frente a la pantalla

Excepto si haces tu dinero en línea o si es una celebridad en línea que necesita mantener a sus fans actualizados en tiempo real, entonces debe mantener su teléfono fuera del alcance por las mañanas. Los teléfonos inteligentes y las redes sociales se han revelado como algunos de los mayores asesinos de la productividad y facilitadores de la procrastinación. Puedes decidir dejar el teléfono en el cajón hasta la hora del almuerzo o ponerlo en modo avión.

8. Medita

La meditación te ayudará a enfrentar el estrés y la ansiedad que emanan del día anterior. Es mejor hacerlo temprano en la mañana cuando el mundo a tu alrededor está tranquilo y tu mente está en paz. La meditación te ayuda a concentrarte y completar una tarea a la vez, en lugar de ser arrastrado a diferentes tareas. Te permite estar presente en el momento.

9. Agiliza tus decisiones

La mañana viene con muchas opciones: qué vestir, adónde ir, a quién llamar, qué cocinar, etc. Trabaja en estas decisiones para que no te quiten demasiado tiempo cada mañana y te causen 'fatiga por decisión'. Ten una rutina para la mañana, como qué ponerse y qué comer. Hazlo de forma simple para que la decisión se tome rápidamente y puedas continuar con tu vida.

10. Estar agradecido

Despierta cada mañana y resalta las cosas buenas en tu vida, no importa lo pequeñas que sean. Tómate unos minutos y practica la gratitud. El proceso es gratificante, y te proporcionará una visión más clara para el día. También te ayudará a derrotar la negatividad, que es uno de los obstáculos para la creatividad y la productividad.

11. Lee una o dos páginas

Mientras que el ejercicio pone tu cuerpo en movimiento, la lectura pone tu mente en acción. Es probable que las personas que leen se adelanten a las que no leen. La lectura te mantiene informado sobre las últimas oportunidades disponibles para ti cómo puede maximizarlas.

12. Pase tiempo con la familia

No importa lo pequeño que sea, esto es necesario. Habla con tus hijos. Ríete con tu cónyuge y prepáralos para el día. Una persona que se va feliz de casa tiene más probabilidades de participar mejor en el trabajo. La felicidad genuina de saber que la alegría existe en tu familia es suficiente para energizarte para el día.

CAPÍTULO TRES: ENCENDER TU FUERZA DE VOLUNTAD

¿QUÉ SABER SOBRE LA FUERZA DE VOLUNTAD?

La fuerza de voluntad es la habilidad de ser capaz de controlarte a ti mismo; pero también va más allá de la habilidad como tal. Es una combinación de voluntad y poder. Tener que hacer algo regular, relajado y placentero puede no ser una tarea para tu fuerza de voluntad. A menudo, tu fuerza de voluntad se relaja ante decisiones y tareas accesibles. La firme determinación de hacer cosas que son difíciles (como querer perder peso o dejar de beber alcohol) es la verdadera definición de la fuerza de voluntad.

Gracias a investigaciones se ha demostrado que una parte de tu cerebro (la corteza prefrontal) potencia su fuerza de voluntad de la misma manera que el amor y el miedo son controlados por el sistema límbico del lóbulo temporal. La fuerza de voluntad se alimenta de energía mental al igual que las emociones, y esto puede causar que te sientas cansado o fatigado.

Estoy seguro de que puedes entender lo que sucede después de trotar por la mañana durante mucho tiempo o después de hacer algunas flexiones para mantenerte en forma. Los músculos se debilitan de forma natural. Lo mismo se aplica a la fuerza de voluntad cuando la parte del cerebro que la controla está estresada.

10 PODEROSAS ESTRATEGIAS PARA AUMENTAR LA FUERZA DE VOLUNTAD

Estoy a punto de revelar reglas y tácticas ganadoras para ayudarte a silenciar las voces que se alzan en contra de tu fuerza de voluntad.

1. ¿Quién eres tú?

Hombre, conócete a ti mismo' es una famosa frase del filósofo Sócrates. La verdad es que sólo tú puedes decir tus puntos altos y bajos. Hay límites hasta los cuales tus habilidades pueden ser llegar. Tú sabes en qué momentos una broma se vuelve ofensiva para ti.

Querer conocerse a sí mismo podría llevarte a hacer algunas preguntas como;

- ¿Hasta dónde puedo llegar?
- ¿Qué tan bien puedo hacerlo?
- ¿Dónde soy más productivo?
- ¿Cuándo y dónde florece en mí la pereza?

2. Autoexploración

Muchas veces, te enfrentas a muchos factores de contención. Lo más probable es que te escuches más a menudo de lo que puedes contar hacer afirmaciones como: "No puedo ir más allá de aquí; no fui hecho para esto; no puedo hacer esto nunca más". "En el momento en que la palabra "NO" ocupe el centro de atención en la mayoría de tus actividades, entonces, debe saber que su fuerza de voluntad está en declive.

Ve a explorar tus habilidades, esfuérzate por hacer hazañas desconocidas y desafía el statu quo. En términos sencillos, ir más allá de los límites.

3. Mantente firme

"Mañana, aumentaré mi número de abdominales en diez." "Empezaré a beber sólo una botella de Coca-Cola al día a partir de la próxima semana." "Iré 200 metros más en la próxima caminata. "Estas son probablemente cosas que dijiste pero nunca hiciste. La procrastinación es una enorme señal de alerta en el camino del aumento de la fuerza de voluntad. El momento en que dejes de decir y empieces a hacer es el momento en que empieces a registrar cambios notables. Si no te mantienes firme, las afirmaciones se convertirán en una popular rima recurrente en el futuro. Así que, cualquier cosa que quieras hacer, ¡empieza ahora!

4. Involucra tu imaginación

Muchos de los inventos que se encuentran hoy en día son el resultado de la imaginación. Alguien imaginó tener que volar en el aire como un medio de transporte más rápido y conveniente en lugar de conducir por la carretera, y se hizo realidad. Hoy en día, tenemos los aviones más sofisticados. Lo mismo sucede con la fuerza de voluntad. El cuerpo responde a las imaginaciones de la misma manera que lo hace a las experiencias. Si imaginaste que fallaste una prueba, descubrirás que empezarás a sentirte incómodo, especialmente si eres el tipo de persona que detesta el fracaso. Si estás teniendo un día de estrés y te imaginas en una piscina acostado en un sillón reclinable con una botella de refresco y la sensación de una brisa fresca, su cuerpo comenzará a asumir esa posición y se sentirá relajado. Tu cuerpo se alimenta de tu imaginación. Usa el poder de la imaginación para aumentar tu fuerza de voluntad.

5. Aprende a decir NO

La mayoría de los desafíos a los que se enfrenta tu fuerza de voluntad surgen de tu incapacidad para decir no a los numerosos placeres que se te presentan. Tiendes a complacerte en demasiadas actividades que resultan en nada.

6. Ten una estrategia de recuperación

Si quieres tener éxito en incrementar tu fuerza de voluntad, especialmente a largo plazo, entonces tendrás que considerar esto. La fatiga también puede aplicarse a la fuerza de voluntad. Puede que te resulte bastante difícil mantener tu fuerza de voluntad si sigues y sigues con tanta fuerza sin ningún descanso o espacio para recuperarte. Es sólo cuestión de tiempo antes de que te canses y finalmente vuelvas al principio. Tómese unos breves descansos de recuperación.

7. Sé consciente de tu entorno

La presión y las circunstancias son vitales para aumentar su fuerza de voluntad. Si quieres lograr o llevar a cabo una tarea en particular, asegúrate de rodearte de cosas o personas relacionadas a la actividad o tarea. Si desea mantener una salud mental estable, es mejor que te quedes con personas que no sean tóxicas o volátiles con las que puedas tener conversaciones significativas y positivas. Separa de tu entorno personas y cosas que tienden a querer disminuir tu fuerza de voluntad.

8. Hazlo por partes

La fuerza de voluntad puede ahogarse ante la presencia de tareas enormes. Es natural desanimarse ante la vista de la gran responsabilidad. Incluso podría abrumarte. ¿Por qué no lo haces por partes? Es más cómodo y menos desafiante. Decidir leer un libro de 1000 páginas al día puede resultar desalentador. Sin embargo, dividir el libro en partes y decidir leer algunas páginas durante un período específico parece más fácil de lograr.

9. Establece cronogramas realistas

A pesar de que estás dispuesto a aumentar tu fuerza de voluntad, no exageres. Establecer objetivos poco realistas es como "construir tus castillos en el cielo"."

¿Cómo mantenerlo simple?

- Añada un poco más de tiempo a sus horas de lectura
- Haz cinco flexiones más
- Lea un libro extra en 2 semanas
- Hacer un poco más te ayudará a registrar un poco pero vital progreso.

10. **Entiende que todo depende de ti.**

Tu decisión de aumentar tu fuerza de voluntad es tuya. No estás en una carrera con nadie más que contigo mismo. Decide hacer esto por ti.

12 TRUCOS GENIALES PARA SENTIRSE INSTANTÁNEAMENTE MOTIVADO

La motivación viene en diferentes formas. Puede venir como una chispa de llama (en segundos o minutos) o gradualmente como un líquido altamente viscoso (en horas o días). La buena noticia es que puedes encender cualquiera de los dos mencionados. Para esta parte en particular, aquí hay consejos sobre cómo motivarse casi instantáneamente.

1. Consuma una dieta que libere dopamina

La dopamina es una sustancia química liberada por las células nerviosas y generalmente se asocia con el sistema de placer y recompensa del cerebro. La liberación de dopamina en tu cuerpo crea una sensación de placer que te motiva a repetir un patrón de comportamiento. Esto significa que comer alimentos que inducen la liberación de dopamina puede aumentar tu motivación.

Sin embargo, ten en cuenta que algunas dietas son capaces de reducir la liberación de dopamina, lo que podría causar una reducción en la motivación; alimentos como la grasa animal, la mantequilla, el aceite de palma y el aceite de coco entran en esta categoría. Es difícil evitar estos alimentos por completo, pero puedes tratar de reducir su consumo significativamente. Emplea tu fuerza de voluntad para lograrlo.

2. Adopta una postura más motivadora

En la inteligencia emocional (IE), principalmente cuando se trata de empatía, la comunicación no verbal es crítica. Es debido a que muchas cosas importantes se dejan sin decir que es crucial ser capaz de entender lo que no se dice. Lo mismo se aplica a la motivación. Algunas posiciones, posturas y movimientos corporales pueden influir en tu confianza. En otras palabras, puedes aumentar o disminuir la motivación.

- **Siéntate con el pecho empujado hacia afuera (no te encorves)**

Sentarse con el pecho empujado hacia afuera (una postura de confianza) le ayuda a mantener sus pensamientos con más confianza. Sucesivamente, si te sientas en una posición descuidada o con la espalda encorvada, se percibe como una postura dudosa y representaría una falta de confianza.

Estudios recientes han demostrado que sentarse de forma incorrecta puede hacer que uno se sienta menos orgulloso de su desempeño. También puede llevar a que las personas se rindan rápidamente en tareas cognitivas exigentes. Así que, siéntate derecho.

- **Párete derecho con los "brazos en jara"**

Estar de pie en "brazos en jarra" significa estar de pie con las manos colocadas en la cadera de tal manera que el codo se mueva hacia afuera. Se traduce en una postura expansiva, que hace que el cuerpo parezca más formidable y ocupe más espacio.

Demuestra dominio y confianza. La explicación científica detrás de esta postura es que aumenta la testosterona (hormona de la confianza) y disminuye el cortisol (hormona del estrés).

3. Haz declaraciones positivas.

"Estoy teniendo un éxito exponencial", "Puedo hacerlo porque fui hecho para ello", "Nada puede detener mi éxito", "Tengo lo que hace falta". Decirte estas cosas puede motivarte mucho en cualquier momento y hacer que te desempeñes mejor. Habla contigo mismo en voz alta.

4. Haz un trato

Cuando digo trato, me refiero a que le cuentes a un amigo tu decisión y le pidas que te supervise diariamente para asegurarte de que estás registrando mejoras. Hazlo más práctico añadiendo un compromiso monetario al acuerdo.

¿Qué quiero decir?

Entregue algo de dinero a su amigo con la condición de que si tú puedes lograr el objetivo de motivación, el dinero te será devuelto, si no, debe ser donado a una organización benéfica.

5. Utiliza el poder de la positividad para mantenerte motivado

Mientras vivas, siempre habrá momentos de negatividad. A veces, todo tu día puede parecer que va mal. Todo, por la razón que sea, puede empeorar. Tu jefe en el trabajo decide frustrar cada esfuerzo que haces. Tus hijos podrían enfermarse inesperadamente. Tus compañeros de trabajo pueden irritarte.

La cruda verdad es que no siempre podemos controlar las circunstancias en las que nos encontramos, pero es nuestra elección cómo responder a ellas. Puedes encontrarte en situaciones difíciles o desagradables; sin embargo, tendrás que decidir si te mantienes motivado a través de ellas.

Aquí hay algunos consejos sobre cómo la positividad puede ayudarte a mantenerte motivado.

- **Rodéate de gente positiva**

Se dice que "Dime con quién andas, y te diré quién eres" o habrás oído que " "Dios los cría, y ellos se juntan" ". Esto implica que su círculo de amigos o asociación es un excelente determinante de quién eres y cuánto puedes lograr.

Por un lado, si tienes a tu alrededor gente de mente positiva o siempre optimista, incluso cuando es difícil hacerlo, lo más probable es que estés influenciado por sus vibraciones positivas. Por otro lado, si tienes una relación tóxica o pesimista, estarás obligado a permanecer en estado negativo la mayor parte del tiempo.

- **No pienses en cosas que no puedes controlar.**

De hecho, no existe una condición perfecta. Las situaciones que están más allá de tu control están destinadas a surgir. Es esencial ser capaz de diferenciar entre las cosas que están dentro y fuera de tu control, en lugar de pensar en ellas o preocuparte por ellas. De lo contrario, perderás tiempo innecesariamente con ellos y lo más probable es que te retractes.

6. Ten un plan (escríbalo)

¿Preparas la actividad del día sin tener ninguna idea de cómo quieres que transcurra el día? ¿Cómo resulta finalmente? ¿Tomas tiempo para desarrollar un horario o un plan sobre cómo quieres que transcurra tu semana?

No es ninguna novedad que " El que falla en planificar planea fallar ".

Hacer un plan es como tener un mapa para ayudarte a navegar en tu actividad durante un período. Te da un sentido de dirección. También te ayuda a reducir el tiempo que pasas sin hacer nada o hacer cosas irrelevantes, así como a mejorar tu productividad.

Tener un plan, te hace organizado y te da una sensación interior de satisfacción, especialmente cuando puedes seguir tus ideas.

- Veamos cómo puedes configurar tu horario o plan para una semana

- Crea una lista de las actividades que deseas llevar a cabo durante la semana
- Reduce el programa a una lista de tareas diarias.
- Asigna un rango de tiempo para llevar a cabo cada tarea
- Sigue cada tarea
- Revisa cada tarea a medida que la vayas completando.

7. Cuenta tus bendiciones y aprecia tus pequeños logros

Una vez que puedas apreciar tus pequeños o significativos logros, te mantendrás motivado para lograr más. También es importante saber que formar el hábito del refuerzo positivo puede ser de gran ayuda.

El refuerzo positivo es recompensarse por los éxitos logrados o los logros registrados. Por ejemplo, después de una larga semana de trabajo y de haber logrado tus metas, puedes decidir si quieres darte un capricho. Comprarte algo que no te compras regularmente o ir a lugares de relajación y recreación son buenos ejemplos.

8. Ver desde una nueva perspectiva.

Si siempre has tenido pensamientos o sentimientos negativos, puedes decidir probar una nueva perspectiva de ser positivo. Ser positivo puede alterar tu vida de muchas maneras, más de las que puedes contar. También es increíblemente interesante y emocionante tomar una forma positiva.

9. Inténtalo de forma diferente

Tener que repetir una rutina puede ser agotador si es algo que va a durar mucho tiempo. ¿Por qué no intentarlo de otra manera? Sal de la rutina. Ver una situación o tarea desde una perspectiva diferente o nueva puede ser bastante aventurero.

10. Suscríbete a espectáculos y discursos motivadores

Escuchar charlas motivadoras o leer material motivador puede servir como refuerzo de la motivación. Somos principalmente un producto de lo que oímos y leemos.

11. Realiza una actividad agradable y divertida.

A veces, puedes sentirte fatigado o agotado de hacer lo mismo una y otra vez. Para mantenerte motivado, puedes participar en algunas actividades que son divertidas y relajantes.

Podrías decidir escuchar tus canciones favoritas de camino al trabajo, y también podrías decidir salir durante tu descanso en el trabajo para pasear. La sensación de estar fuera del confinamiento es refrescante.

Durante los fines de semana, puedes decidir hacer ejercicio. Los ejercicios tienen una forma de liberar dopamina, lo que aumenta la motivación.

12. Habla con alguien

A veces, puedes fracasar mientras tratas de motivarte, incluso después de trabajar tan duro para mantenerte positivo y motivado. Está bien llegar a este punto. No te lamentes. En su lugar, habla con alguien en quien confíes. Podrías ser un miembro de la familia, o podría contactar a un consejero. Él/ella podría guiarte sobre el mejor enfoque para devolverte la motivación.

Alto a la procrastinación

15 CITAS INSPIRADORAS QUE TE ANIMARÁN

Hay mil y una citas que pueden llevarte a estar motivado para hacer cosas que nunca pensaste que podrías hacer. He aquí algunas de las citas cuidadosamente seleccionadas que invitan a la reflexión y elevan el alma.

1. "Si no construyes tu sueño, alguien más te contratará para que les ayudes a construir el suyo." -Dhirubhai Ambani
2. "No ruegues por el statu quo, desafíalo" - Anyanwu Emmanuel
3. "Todo lo que la mente del hombre puede concebir y creer, puede lograr." - Cerro Napoleón
4. "Las grandes mentes discuten ideas; las mentes promedio discuten eventos; las pequeñas discuten personas." - Eleanor Roosevelt
5. "No temas a la perfección, nunca la alcanzarás." - Salvador Dalí
6. "He fallado una y otra vez en mi vida, y por eso tengo éxito." - Michael Jordan
7. "El éxito se logra más a menudo por aquellos que no saben que el fracaso es inevitable." - Coco Chanel
8. "Nuestra mayor gloria no está en no caer nunca, sino en levantarnos cada vez que caemos." - Confucio
9. "La vida es el 10% de lo que me pasa y el 90% de cómo reacciono ante ella." - Charles Swindoll
10. "La mente lo es todo en lo que crees que te conviertes". - Buda
11. "Empieza donde estás. Usa lo que tienes. Haz lo que puedas". - Arthur Ashe
12. "El secreto del éxito es hacer las cosas comunes extraordinariamente bien." - John D. Rockefeller
13. "Es difícil fracasar, pero es peor no haber intentado tener éxito." - Theodore Roosevelt

14. "El éxito no es definitivo; el fracaso no es fatal. Lo que cuenta es el valor para continuar." - Winston Churchill

15. " Hace mucho tiempo me llamó la atención que las personas de logros rara vez se sentaban y dejaban que las cosas les sucedieran. Salieron y sucedieron cosas ".". - Leonardo da Vinci

CAPÍTULO CUATRO: DOSIS DIARIA DE AUTODISCIPLINA

El mundo de hoy nos ha forzado literalmente a algunas realidades. Y la verdad sobre este cambio es terrible. Piensa en el éxito como uno solo. Para tener éxito en cualquier trabajo, debes tener como ingrediente esencial las habilidades técnicas para desempeñarse eficazmente. El ingrediente añadido para la excelencia es la creatividad. Pero no todo el mundo entra en esta categoría. No es por nada; es sólo que los seres humanos no han sido capaces de fijarse metas para lograrlo. Fijarse metas te da control. Siempre hay una dirección a seguir. Te da una idea de por dónde debes empezar, qué dirección debes tomar y finalmente, tu destino está asegurado. Algunos incluso tienen la idea de establecer grandes objetivos, pero se quedan atascados en el proceso de alcanzar esos objetivos a largo plazo.

Hay diferentes maneras de alcanzar las metas. Mantener algunas metas (que pueden ser una carrera, vida, familia, etc.) tiene sus propias estrategias. Este proceso depende de la persona involucrada, ya que no todos están en el mismo nivel de logro. El personal de alto nivel de la gerencia tendrá metas concisas y será muy útil para alcanzarlas debido a los muchos años de establecer metas. La experiencia en cuestión distinguirá la tasa de éxito en comparación con la de un funcionario de nivel directivo inferior.

Sin embargo, con una intensa autodisciplina, lograrás estas metas de manera efectiva. La autodisciplina es una habilidad esencial y útil que todo el mundo debe poseer. Y por muy importante que sea esta habilidad, sólo unas pocas personas reconocen su importancia. Ser auto disciplinado no significa necesariamente que tengas que ser demasiado duro contigo mismo o expresar el mismo sentimiento a las personas que te rodean. Esto no significa que deba limitar tu estilo de vida a uno aburrido. La totalidad de la autodisciplina es tener autocontrol. Es la capacidad de medir tu fuerza interior y cómo puede transformarse para controlar tus acciones. Entonces tienes la conciencia de reaccionar sin prejuicios.

Tener autodisciplina te permite continuar con la toma de decisiones, lo que te ayuda a lograr tus metas con facilidad. Es más sobre la fuerza interior para mantenerte en marcha. Tiene control sobre otros hábitos internos terribles. La adicción y la procrastinación es un hábito profundamente arraigado que la autodisciplina ayudará a eliminar. Dicho esto, es evidente que la autodisciplina es necesaria para nuestra vida cotidiana.

10 CONSEJOS IMPORTANTESPARA DESARROLLAR UNA FUERTE AUTODISCIPLINA

Lo mejor de la autodisciplina es que es un comportamiento que se puede aprender. Nuestras decisiones están vacías de impulsos y sentimientos inestables. Aquí hay consejos útiles para desarrollar una fuerte autodisciplina.

1. **Establece una fecha**

Las investigaciones han demostrado que poner fechas en las actividades ayudan a mantenerse enfocado y decidido a lograrlas. También ayuda a mantener un régimen, lo cual, a largo plazo, ayuda a construir una fuerte autodisciplina. Por ejemplo, puedes asignar una actividad a los lunes, y darle seguimiento consistentemente. Con suficiente tiempo, habrías creado un régimen para esa actividad y, a su vez, habrías preparado la autodisciplina para realizar siempre esa actividad los lunes. Podrías pensar en separar los jueves para tu clase de karate. Una vez que estés comprometido durante las primeras semanas, un conocimiento subconsciente erupcionará. Incluso sin establecer recordatorios, llegarás a saber que los jueves no son para una fiesta en la piscina. Consigue una pegatina y pégala en tu calendario con el nombre de la actividad. O puedes crear un recordatorio en tus dispositivos móviles

2. Identifica lo que te motiva

La prioridad es esencial para identificar qué tan auto disciplinado eres. Concéntrate en lo más importante. No hay necesidad de meterse en lo que te degradará y desestabilizará. Y el compromiso no se establecería si no estás seguro de lo que necesita hacer exactamente. Siempre hay una alta posibilidad de éxito cuando hay un sentimiento de urgencia. Mantén la mentalidad de "debo". "Siempre debo lucir pulcro, sin importar lo cansado que esté".

Necesitas motivación para empezar. Una vez que hayas priorizado tus objetivos, adjunta módulos que te mantengan en marcha. Tu meta podría ser obtener un ingreso estable para mantener un estilo de vida cómodo. Este objetivo es apropiado y específico. Una vez que identifiques que un ingreso estable es esencial, te ayudará a enfocarte en tus metas. Con esto te das cuenta de que puedes controlarte contra otras cosas que podrían tener un efecto negativo en tus ingresos. Comprende también que no puedes ser auto disciplinado si no estás motivado para continuar.

3. Afirma tus metas y visualiza los beneficios que obtendrás

Debe haber un plan para alcanzar los objetivos fijados. La mayoría de las veces, nos distraemos por el resultado que descuidamos las estrategias para hacerlas funcionar.

Analiza cómo crees que esto funcionará bien para ti. Asegúrate de ser lo más específico posible. Los beneficios descritos te darán un sentido de responsabilidad. Imagina que has destacado que uno de los beneficios de comer saludablemente es la buena forma del cuerpo. En el momento en que empiezas a alimentarte bien, y notas el cambio en tu cuerpo, puedes marcar rápidamente los beneficios como los que ya has logrado. Te empujará a un lugar donde abrazarás otros intereses que has descubierto.

Afirme consistentemente sus metas y los beneficios que obtendría de ellas. Su mente estará en sintonía repetidamente con esos objetivos establecidos. Si dices todas las mañanas: "Soy un gran atleta porque batiré el récord de conseguir una beca de 4.000 dólares", "Estoy consiguiendo ese contrato, y eso me convierte en un mejor ingeniero". Con el tiempo, su mente se vuelve disciplinada y determinada a alcanzar estas metas.

4. Haz planes alcanzables y apégate a ellos

Las tentaciones están destinadas a surgir siempre que se esté decidido a alcanzar una meta. Pueden ser una distracción las redes sociales o incluso tus amigos. Algunas también pueden venir cuando parece que no estás progresando. Comprenderás que esto podría impedirte alcanzar tus objetivos. Sin embargo, tus metas deben ser alcanzables. No seas ambiguo. Deje que sea intenso a tu gusto, condición de trabajo, estilo de vida y rutina. Incluye la cantidad exacta, la hora, las personas y las fechas. Estas variables hacen que sea fácil atenerse a la fórmula establecida.

5. Haz de tu régimen una combinación de cosas que necesitas hacer y de cosas que deseas hacer

La investigación de la ciencia de la gestión ha demostrado que la combinación de estas dos actividades ayuda a formar buenos hábitos y también ayuda a lograr rápidamente lo que se necesita. Puedes hacer las cosas, incluso en la diversión de hacer otras cosas. Sólo tienes que decidir qué se puede combinar para obtener el resultado deseado. Por ejemplo, quieres tener un día de chicas para hablar y divertirte. Puedes elegir el mismo día que elegiste para el gimnasio. Después de algunas bromas, acuerda con tus amigos ir a una sesión de ejercicios. Incluso puedes hacerlo competitivo. De esta manera, has logrado una actividad que necesitas al combinarla con un evento que deseas.

6. Duerme y come bien

La falta de sueño y alimentación adecuada hace que la corteza prefrontal (que es responsable de la autorregulación) se desempeñe menos de lo esperado. Además, la capacidad de concentración de una persona cuando tiene hambre se reduce al mínimo, ya que la falta de alimentos causa falta de azúcar, lo que a su vez debilita a la persona. El hambre produce una sensación de falta de voluntad. Siempre va acompañada de cansancio. Tu fuerza de voluntad para hacer cualquier cosa está siendo afectada. Por lo tanto, no estás motivado para concentrarte en lo que necesitas hacer. Para mantenerse concentrado y disciplinado, asegúrate de comer y dormir adecuadamente.

7. Recompensa cada progreso

¿Recuerdas cuando eras niño y tus padres dijeron que te recompensarían con un regalo si aprobabas tus exámenes? Y cada vez que cumplían su promesa era motivación para que estudies más? Esta lógica también funciona para construir la autodisciplina. Si te recompensas por cada progreso que haces, de esa manera te mantienes motivado para hacer más, concentrándote en los beneficios que se obtendrán.

8. Obtén un Círculo Auto-Disciplinado

La motivación externa es la primera hélice de la formación de hábitos. Así como la presión de grupo puede hacer que una persona forme malos hábitos, tener un círculo de amigos auto disciplinados puede motivarte a ser auto disciplinado. Como dice el dicho: "Dime con quien andas, y te diré quién eres". Rodéate de personas que te den una sensación de satisfacción. Estas son personas que tienen el mismo sistema de creencias que tú. Incluso cuando parece que estás perdiendo fuerza de voluntad, consigues encontrar fuerza en su resiliencia. Te animarías fácilmente si supieras que tus amigos han sido capaces de dominar un curso en particular con el que tú estás luchando.

9. Hazlo por ti mismo

La autodisciplina es buena, pero lo más importante es que es mejor si el propósito no está sesgado. Si tu objetivo es ser más disciplinado, asegúrate de que sea únicamente una decisión tomada por ti. De esa manera, apreciarás cada progreso que hagas. Esto no significa que no puedas buscar consejo profesional o ayuda de tus amigos. Sólo significa que tienes que ser sincero sobre tus planes de acción sin ningún tipo de prejuicio.

10. Desafíos Futuros

No querrás caer en el autoengaño creyendo que todo funcionará según lo planeado. Podría tropezar, averiguar qué lo desencadenó y evitar caer en el mismo problema en el futuro. Pronostica otros desafíos que puedan surgir a medida que avanzas en el camino de la autodisciplina. Piensa en distracciones y problemas, no tienen que someterte. Crea un plan para abordarlos.

7 PRÁCTICAS DIARIAS PARA MANTENER LA AUTODISCIPLINA

La autodisciplina no se puede alcanzar en un día. Requiere consistencia y perseverancia, y sólo las prácticas diarias pueden construirla. Comprométete a saber que el viaje hacia la autodisciplina máxima no es aceptable, pero el final es siempre algo recordar. Aquí están las prácticas diarias que puedes usar para construir tu autodisciplina.

1. La prueba del baño frío

Todo el mundo odia los baños fríos, especialmente por la mañana. Esa ráfaga de hielo que golpea tu rostro cuando todavía estás tratando de mantener los ojos abiertos puede ser bastante molesta. Se requiere mucha decisión y disciplina para someterse a esa explosión de hielo todas las mañanas. Y si puedes salir adelante cada mañana, ese es otro paso hacia la máxima autodisciplina. Prepare tu mente para el hecho de que la autodisciplina no se será atractiva al principio. Y puede incluso llegar a ser una carga y consumir mucho tiempo a medida que avanza el tiempo. Requerirá mucha paciencia y compromiso, especialmente si no estás dentro de tu cultura. Pero al final, tendrás más razones para mantenerte disciplinado.

2. Meditación diaria

Sentarse en un lugar con los ojos cerrados y escuchar la respiración puede parecer tonto al principio. ¿Pero sabes que la meditación es una gran manera de construir el autodominio? Porque requiere un alto nivel de concentración para que te sientes en un lugar y escuches conscientemente tu respiración. Considera hacer esta práctica todos los días, y aumentarás la fuerza de tu autodisciplina. Además, la meditación ayuda a aclarar tu mente, lo que a su vez te permite reconectarte con tu ser interior. Trata de sentarte y escuchar tu respiración todas las mañanas. Después de algunas semanas, habrás disciplinado tu mente para concentrarte en tu ser interior y habrás construido tu autodisciplina a través de este ejercicio.

3. **Identifique tus puntos débiles**

Todo ser humano tiene debilidades, y la mayoría de nosotros tendemos a pasarlas por alto. Ser disciplinado significa que entiendes tus defectos, desafíos y debilidades, pero estás decidido a superarlos. Si eres un "glotón" pero estás comprometido a dejar de comer fuera de proporción, el primer paso es reconocer tu problema. "Es que me gusta saborear todo lo que veo, o no me satisface comer más carbohidratos "entonces, pregúntate, ¿Cómo puedo resolver este problema? Después de haber adquirido una solución, haz un seguimiento consciente de la misma teniendo en cuenta la imagen del resultado (menos peso). Admitir estos defectos es el primer paso para superarlos. Por lo tanto, para alcanzar el estado máximo de autodisciplina, debes reconocer que hay una necesidad de la autodisciplina y los obstáculos que te impiden alcanzarla.

4. **Corre todas las mañanas**

Una carrera de una milla toma de seis a diez minutos y una nueva determinación para salir adelante. Puede parecer difícil de lograr al principio, pero es una herramienta útil para aumentar la resistencia y la disciplina. Correr todas las mañanas te da un arranque automático para el día y suficiente energía para salir adelante. Asegúrese de hacerlo antes del baño frío para maximizar el crecimiento de su autodisciplina. Si eres reacio a hacer esto solo, habla con un amigo al respecto y los dos podrán empezar. Asegúrate de que tu objetivo de correr se cumpla.

5. **Tiende tu cama**

Todo el mundo quiere levantarse, saltar de la cama y seguir adelante con su día. Nadie ve la necesidad de tomar de dos a tres minutos para tender sus camas. Por lo tanto, se requiere mucha disciplina para decidir conscientemente tender la cama. Siempre convéncete de que es necesario tender tu cama porque promueve un hábito positivo de limpieza. Lo bueno es que toma muy poco tiempo. Un esfuerzo consciente para hacerlo cada mañana puede mejorar significativamente tu autodisciplina.

6. Elimina las tentaciones

Las tentaciones y distracciones matan la disciplina. Sin ellas, es posible alcanzar la máxima autodisciplina. Sin embargo, su presencia hace que seas lento o te dé por vencido. Cada distracción o tentación es única para cada objetivo, y entenderlos te ayuda a eliminarlos y a mantener el rumbo, lo que aumenta tu confianza en ti mismo. Cuando estés tentado o desanimado, recuérdate que "este es el mejor momento para dar lo mejor de mí".

Las afirmaciones por sí mismas no erradicarán las tentaciones. Analiza esas cosas que te obsesionan, deshazte de ellas y rehúsate a realizarlas Si estás tratando de leer, mantente alejado de la PlayStation. Los videojuegos no te ayudarán a concentrarte durante los exámenes. Haz un horario de cuándo salir con tus amigos si te ves desperdiciando un momento productivo con un conocido cercano. Si tienes problemas para estudiar un libro electrónico en tu teléfono debido a las actualizaciones de un juego de aventuras, cierra la aplicación o desinstálala si es necesario.

Que la tentación sea un recordatorio positivo de que lo has estado haciendo bien, y que no es el momento de rendirse.

7. Sé Intencional Sobre tus Metas

Para conseguir unos mejores resultados, es necesario un compromiso general con los objetivos diarios. No serías la mejor versión de ti mismo si no hubieras tenido el propósito de alcanzar tus metas.

Empieza por dejarlo claro. Escríbalas. Tu diario o cuaderno de notas puede ser un excelente lugar para escribirlo. También puedes escribir cualquier afirmación que creas que te motivará a seguir adelante.

20 AFIRMACIONES POSITIVAS PARA INSPIRAR AUTODISCIPLINA

Todo lo que te dices a ti mismo constantemente se queda en tu mente permanentemente. Esto crea una percepción que es en la que trabajas. Esta es la razón por la que las afirmaciones son una parte significativa de la construcción de la autodisciplina. Cada día cuando te despiertes, di estas afirmaciones.

1. Soy una persona fantástica, y estoy agradecida por esta oportunidad de crecer.

2. Estoy decidido a mejorar mental, espiritual y emocionalmente.

3. Debo trabajar en mí mismo. Estoy haciendo lo correcto.

4. Este día es un día excelente para mí, y lo estoy pasando con un espíritu de gratitud.

5. Me adapto a lo que estoy llegando a ser: mi fuerza me motiva, y mis debilidades me desalientan. Supero todas las faltas. Mis defectos se convierten en ventajas.

6. En este día, estoy definiendo intencionalmente los límites y eliminando toda forma de distracción y tentación.

7. Tengo el control total de mi tiempo, y hoy no tengo ningún mal hábito.

8. Soy fuerte y capaz de ser auto disciplinado, además de que alcanzaré mi máximo estado de autodisciplina

9. En todo momento, sé lo que se espera de mí, y eso es lo que haré.

Alto a la procrastinación

10. Estoy cumpliendo con cada tarea que tengo hoy. Soy consciente de los beneficios de vivir saludablemente. Por lo tanto, comeré bien.

11. Estoy dando lo mejor de mí en todo lo que hago hoy. Prospero en el trabajo de mis manos.

12. Hoy, cuando decido hacer mi rutina diaria, logro todo lo que se me propone. Soy organizado y puntual en cada área de mi vida.

13. Ningún desafío puede derribarme. Supero todas las dificultades. Las circunstancias naturales no me detienen.

14. La preocupación no resolverá mis problemas. Por lo tanto, no me preocuparé por nada.

15. Mi imaginación es activa. Utilizo mi poder imaginativo para crear excelencia. Mi mente está abierta a recibir nuevas ideas. Soy rápido para actuar por impulso positivo. Estoy motivado desde dentro. ¡Nada puede detenerme!

16. Mi mente se siente atraída por la positividad. No veo la negatividad. Estoy progresando a pasos agigantados.

17. Afirmo que soy una ventaja en mi mundo. Este no es el momento de rendirse conmigo mismo. No soy ordinario. No me intimidan los desafíos

18. Yo reinaré en la vida. Todas las cosas funcionan juntas por mi bien. Estoy fortalecido y energizado para la victoria de hoy.

19. Soy consciente de la vida. Mi cuerpo es enérgico y lleno de vitalidad. No hay espacio para la enfermedad, la dolencia, el malestar o cualquier cosa que traiga dolor a mi cuerpo.

20. Nada puede derribarme. No veo la tentación actual. Estoy lleno de beneficios.

CAPÍTULO CINCO: LOGRAR LA CONCENTRACIÓN

El ser humano promedio tiene un corto período de atención que no dura ni siquiera ocho minutos. Sorprendentemente, esa es la capacidad de atención de un pez dorado. Debido a la vida digital, este número se ha reducido aún más. El cerebro siempre está atento a la próxima cosa emocionante que suceda en el medio ambiente. Lo más probable es que nos aburramos por este motivo.

Tu capacidad para concentrarte y prestar atención a tu entorno es esencial para tu supervivencia. Es una habilidad, y tienes que mejorarla para hacerlo mejor. La concentración es igual que el sistema muscular del cuerpo. Mientras más ejercicio, más fuerte y sustancial te vuelves. El proceso para lograr la concentración es una batalla mental en la que tienes que participar para mejorar. No pienses en la idea de que tú eres el tipo de persona que fácilmente pierde la concentración. Aceptar esa narrativa significará tu perdición.

La pregunta que queda ahora es: ¿Cómo se puede construir y desarrollar la concentración? En una época en la que todo está compitiendo por tu atención y tirando de ti en diferentes direcciones, ¿Qué se puede hacer para mantener tu mente alerta?

10 EJERCICIOS DE ATENCIÓN PARA AUMENTAR LA CONCENTRACIÓN

Como mencioné antes, tu mente y tu fuerza de concentración pueden ser ejercitadas para aumentar su valor. Al igual que un instructor de gimnasia le enseñará ejercicios para que desarrolles diferentes partes de tu sistema muscular, hay otros ejercicios para la mente que pueden ser usados para construir tu "sistema de concentración". Recuerda, tu éxito depende en gran medida de lo bien que puedas concentrarte y capturar los detalles que te rodean. Aquí están algunos de esos ejercicios que puedes hacer:

1. **Ejercicio Uno:** Toma un libro o revista y ábrelo en cualquier página que te parezca interesante. Lee esa página y entiende su contenido. Comience a contar las palabras de la página, párrafo tras párrafo. Al contar, toma nota de cada palabra contenida en cada párrafo. Trate de entender su función en cada frase. Entonces revísalo y haz un recuento. Una vez que notes que puedes contar fácilmente las palabras del primer párrafo, puedes pasar al siguiente.

2. **Ejercicio Dos:** Cuenta regresivamente del 100 al 1. Haz un dibujo de cada número a medida que lo cuentas y hazlo más rápido posible. Concéntrate en imaginarte los números enteros en una línea de diez. Aumente su conteo a un rango de 500 y 1000.

3. **Ejercicio tres:** Toma un objeto y enfoca toda tu mente en él. Podría ser una fruta, un juguete o cualquier otro objeto. Observe sus componentes y características, las cosas que componen este objeto en particular. Tome nota de su forma, color, tamaño, defectos y todo. Continúa escogiendo todas estas cosas y no permitas que tu mente se desvíe mientras hace esto. Aunque lo haga, llévala de vuelta al inicio. Haz esto por tres minutos a la vez y continúa aumentando hasta que finalmente lo domines.

4. **Ejercicio cuatro:** La próxima vez será para visualizar el objeto que acaba de observar. Cierre los ojos por un momento y trate de imaginar lo que ha estudiado durante algún tiempo. ¿Cómo es que tu mente te muestra la imagen? Trata de traer de vuelta todas esas cosas que descubriste mientras observabas el objeto. Si tu mente no logra producir un modelo claro, ábrelo por un rato y observa de nuevo. Luego cierre los ojos y vea qué tan bien se forma la imagen. Haz esto

repetidamente hasta que finalmente pueda visualizar el objeto en su forma completa.
5. **Ejercicio cinco:** Elige una palabra o frase en particular en tu mente y sigue repitiéndola para ti mismo en tu mente. Haz esto silenciosamente sin causar ninguna atención hacia ti mismo. Haz esto hasta que tu mente aprenda a concentrarse durante todo el proceso durante unos diez minutos.
6. **Ejercicio seis:** Puedes jugar un pequeño juego con tu nariz. Cuando pase por un jardín de flores o por el parque local, mantén la nariz abierta y lista para captar los diferentes tipos de olores de flores que se pueden detectar. Este ejercicio requiere un cierto nivel de concentración para diferenciar los distintos olores del ambiente.
7. **Ejercicio siete:** Toma una buena posición y quédate quieto. Puedes acostarte o sentarse en una silla. No se mueva mientras permanezca en esa posición. Mantenga su concentración total en los latidos de su corazón. Trate de imaginar el mecanismo del flujo sanguíneo a través de su sistema y trate de averiguar a dónde llega la sangre alrededor de su cuerpo. Con la práctica constante, pronto podrás sentir que tu sangre fluye a través de tu cuerpo.
8. **Ejercicio ocho:** Practique el arte del autocontrol. Podrías ser el tipo de persona con un fuerte deseo de hablar y derramar secretos sobre los demás. Al aprender a controlar estos impulsos, serás capaz de energizar tu fuerza de concentración. Al El mantener estos impulsos controlados es más poder del que podrías comprender. Te ayudará a poner Tu voluntad y deseo en jaque. No importa lo emocionantes que sean las noticias, haz todo lo posible por mantenerlas en secreto hasta la hora señalada para la cual deben ser reveladas.
9. **Ejercicio Nueve:** Trata de mantener tu mente libre de cualquier forma de pensamiento. Esta será probablemente la más difícil de todas las otras actividades. Su mente está

siendo constantemente bombardeada con ideas, y para mantenerlas fuera requiere mucha concentración. Trate de hacer esto por un minuto a la vez. Una vez que se logre ese tiempo, puedes pasar a cinco minutos y luego a diez minutos.

10. **Ejercicio 10:** Participa en el arte. El arte aquí no sólo se refiere a la pintura, los dibujos o las esculturas. El arte es mucho más amplio que eso. El arte está en tu conversación diaria. El arte está en las películas que ves y en la canción que escuchas. Presta más atención, y no hagas estas cosas porque estás aburrido. Puede que no sepas lo que puedes descubrir, y finalmente aprenderás a concentrarte prestando atención a estas pequeñas cosas.

5 EJERCICIOS DE PLENA ATENCIÓN PARA DESARROLLAR CONCENTRACIÓN

La concentración es considerada un ingrediente esencial para el éxito en la vida o en cualquier esfuerzo. Es un rudimento a las mejoras de tus mecanismos de pensamiento tales como tu capacidad de aprendizaje, fuerza de percepción y resolución de problemas. El aprender a construir la concentración se vuelve muy importante cuando se consideran estos factores. La concentración le ayuda a lograr la claridad mental. Hay varias maneras de empezar a practicar cómo crear la concentración y utilizarla para completar cualquier tarea.

La atención en este sentido se refiere a un estado de estar presente en el momento. Es ser consciente y abierto en el momento. La atención disuade a la mente de vagar y perder su lugar.

1. **Ejercicio Uno:** Nunca eres el mejor cuando tienes prisa. Cuando disminuyes la velocidad, aprendes a reconectarte con el medio ambiente. Disminuye la velocidad mientras caminas

por la entrada. No mastique la comida demasiado rápido. Toma tu mente y aprecia el mundo que te rodea. La ralentización no significa que seas vago o perezoso, la ralentización es mirar más profundamente y prevenir errores. Recuerda lo que dicen: Lento, pero seguro gana la carrera.

2. **Ejercicio Dos:** ¿Qué ves cuando cierras los ojos? ¿Qué hay detrás de tus párpados cerrados? Los ojos son una fuente importante de distracción para la mente. Cierra los ojos y corta esa distracción. Cierra los ojos y concéntrate en las imágenes de tu mente. Escucha los sonidos a tu alrededor. Tus otros sentidos funcionan mejor una vez que sus ojos están cerrados, así que ciérrelos y ve lo que puedes descubrir.

3. **Ejercicio tres:** Entrena tus ojos para captar el patrón de las huellas. Aprender los pasos es una manera correcta de entender la naturaleza humana y animal. Los pasos son como mensajes que necesitan ser descifrados. Si puedes entrenar tu mente y tus ojos para captar cosas tan pequeñas y aparentemente insignificantes como un patrón de pasos, será bastante más fácil escoger lo esencial.

4. **Ejercicio cuatro:** Cada vez que somos propensos a emociones que no necesariamente entendemos. Es posible que pronto nos encontremos sin prestar atención a lo que sentimos. Este ejercicio implica que encuentres un nombre para tu emoción y que señales la razón por la que te sientes de esa manera.

5. **Ejercicio cinco:** Observa a las personas que te rodean. Puedes practicar en una oficina o en cualquier espacio público. Mantén tus ojos en una persona y observa lo que está haciendo. Observa su lenguaje corporal y su forma de vestir. Trata de mantener una imagen de ellos en su mente, para que los olvide una vez que le quite los ojos de encima. Sea más consciente de las personas que le rodean y de las acciones que llevan a cabo.

10 MANERAS DE DERROTAR LAS DISTRACCIONES

La mayoría de las veces, empezamos con buenas intenciones de tener nuestras mentes en la tarea a realizarse, pero algo sucede que pronto descubrimos que hemos perdido la concentración. Sabes que tienes la habilidad, la fuerza y el impulso para seguir adelante, pero las distracciones siempre tienen la ventaja y pronto notas que has sido dominados. Piensa en las distracciones como pequeñas plagas en tu lugar de trabajo que perforan agujeros e impiden la productividad. Si no haces nada al respecto, se vuelven más fuertes y continúan construyendo su red sobre ti. Si tan sólo puedes tomarte un tiempo libre y tratar de calcular cuántas horas has perdido por distracciones, entenderás lo mal que se ha vuelto la situación. Y la verdad es que las distracciones son tan poderosas, y es necesario hacer esfuerzos conscientes para poder derrotarlas. Algunas de estas estrategias te ayudarán a mantenerse en la cima y superar las distracciones:

1. **Identifica tus fuentes de distracción:** Diferentes personas tienen diferentes cosas que los distraen. Para algunos, sería ver videos de balé en YouTube, mientras que para otros, serían sus propios pensamientos. Todo lo que necesitas hacer primero es identificar lo que constituye una distracción para ti. Este es el primer paso para eliminar estas plagas.
2. **Desarrolla hábitos a prueba de distracciones:** Hay pequeños hábitos construidos con el tiempo que pueden ayudarte a convertirte en una mejor persona en general. Para que estos hábitos crezcan, primero debes crear un ambiente amigable y sin distracciones para ellos. Nunca es una tarea fácil, y requerirá mucho trabajo. Pequeñas cosas como el bloqueo de anuncios y el apagar el teléfono pueden ayudarte a crear estos hábitos. Otras personas a tu alrededor deberían tener la idea de que has entrado en un modo libre de distracciones y puedes informarles con actos sencillos como cerrar la puerta de tu oficina o ponerte los auriculares. Guarda

todo lo que pueda servir como fuente de distracción, y tu mente comenzará a aprender que puede prescindir de esas distracciones.

3. **Mantén tu mente bajo control:** Tus pensamientos son algunas de las fuentes más sutiles de distracción. Observa cómo tu mente comienza a vagar cuando está llevando a cabo las actividades más serias, incluso durante un examen. Usamos un buen porcentaje de nuestra mente pensando en otra cosa mientras realizamos una tarea. La clave aquí es notar cuando la mente está a punto de comenzar a distraerse y retenerlo. Esto significará prestar mucha atención a tu mente. Si hay un problema al que tu mente sigue volviendo, entonces deberías encontrar una solución a ese problema y liberar tu mente.

4. **No realice varias tareas a la vez:** Abundan los mitos sobre los beneficios de la multitarea. Aunque algunas personas son muy competentes en el acto, yo no lo apoyo. La multitarea no es sólo una distracción, sino una clara fuente de fatiga para el cerebro. Es posible que sientas que has logrado más cuando haces varias tareas a la vez, pero cuando lo revisas, descubrirás muchos más errores en las cosas que pensaste habías hecho bien. Detener una tarea y poner en marcha otra es un deterioro para tu cerebro y el enfoque puede perderse fácilmente.

5. **Un pequeño descanso te hará bien:** Siempre que notes que te estás distrayendo, puedes tomarte un breve descanso y reevaluar el trabajo que tiene entre manos. Trata de recapturar las razones por las que tiene que permanecer concentrado en tu trabajo y dale a tu mente una razón para concentrarse. u cerebro necesita que se le recuerde por qué la tarea es importante y por qué las distracciones no deberían ser una opción.

6. **Divida las tareas en fragmentos más pequeños:** Las distracciones son más propensas a presentarse cuando un proyecto parece abrumador. Es mejor que las tareas se dividan en proyectos más pequeños para que el cerebro se engañe y piense que el trabajo es más fácil y que tomará mucho menos tiempo. Con cada proyecto realizado, se siente una sensación de logro que te lleva a hacer más.
7. **Establece fechas límite para cada tarea:** No empieces una tarea sin una fecha límite. El tiempo lo es todo. Dele a tu mente y a tu cerebro un tiempo para completar la tarea. Esto le dará un sentido de urgencia, y tu mente estará ansiosa por lograr el trabajo más rápido.
8. **Hazte a un lado:** Esto va para las personas que son propensas a distraerse cuando la gente está a su alrededor. Es necesario tener gente a tu alrededor en todo momento, pero también debes ser capaz de identificar cuándo constituyen una distracción en tu vida. Antes de comenzar una tarea, puedes decirle a la gente que te rodea lo importante que es y cuánto espacio te gustaría que te dieran. O puedes alejarte de ellos hasta que termines el trabajo. Es posible que no entiendan lo importante que es para ti completar esa tarea con éxito.
9. **Lleva un registro del patrón diario de tu vida:** Tendría sentido que llevaras un registro de las actividades de cada día por la noche para averiguar cuánto tiempo pasas haciendo qué. Esta evaluación te ayudará a identificar rápidamente los patrones de distracción en tu vida que necesitas combatir. Una vez que se hayan identificado estos hábitos, puedes empezar a trabajar para crear hábitos que eliminen su efecto.
10. **Empieza temprano:** Anteriormente en este libro, hablamos acerca de permanecer en la cama hasta que su cuerpo esté listo para levantarse. Pero a veces necesitas empujar tu cuerpo fuera de la cama para hacer las cosas. Este período del día es el que mejor se utiliza para comenzar el día. Hay pocas

distracciones en este punto del día, y tu mente está más activa y lista para actuar.

7 ALIMENTOS QUE PUEDEN AYUDAR A AUMENTAR TU PODER MENTAL

Debes hacer todo lo posible para proteger tu cerebro y ayudar a aumentar su poder operativo. La importancia de tu cerebro es muy relevante. Está a cargo de un montón de cosas que pasan alrededor de tu cuerpo. Cuando se consideran todos estos factores, se descubre por qué es muy importante mantener el cerebro en un estado de funcionamiento óptimo.

Algunos alimentos se pueden tomar para que el cerebro funcione al máximo. Estos alimentos tienen un gran impacto en la estructura y la salud del cerebro. También tienen algunos nutrientes menores y mayores que son necesarios para que el cerebro funcione a niveles óptimos. Se ha comprobado con el tiempo que las partes de nuestro cuerpo comienzan a deteriorarse a medida que envejecemos, y esto incluye el cerebro también. Pero incluso así, puedes ayudar a tu cerebro a mantener su salud a medida que aprendes a comer de forma inteligente. Algunos de estos alimentos pueden ayudar a que tu cerebro funcione mejor:

1. **Arándanos**

Diferentes investigaciones han demostrado que los flavonoides producidos por esta fruta son muy útiles para mejorar la memoria. También se sabe que protegen el cerebro y reducen los efectos de la enfermedad de Alzheimer y la demencia. El cerebro necesita los antioxidantes producidos por los arándanos, como también para mejorar la comunicación entre las células cerebrales. Puedes agregarlos a tu cereal en las mañanas o exprimir su jugo.

2. **Pescado Graso**

Se sabe que los ácidos grasos Omega-3 contenidos en el pescado graso reducen la cantidad de beta-amiloide en el torrente sanguíneo. La beta-amiloide es una proteína que forma bultos en los vasos sanguíneos y el cerebro, causando así la enfermedad de Alzheimer. Los ácidos grasos omega-3 también ayudan a aumentar el flujo sanguíneo hacia el cerebro. Algunos de estos peces incluyen sardinas, atún, y salmón.

3. Brócoli

Los glucosinolatos contenidos en el brócoli son descompuestos por el cuerpo para formar isotiocianatos. Se sabe que estos isotiocianatos reducen la posibilidad de que ocurran enfermedades degenerativas en el cuerpo. El brócoli también es muy rico en flavonoides y vitamina C, que también son necesarios para la salud cerebral.

4. Cúrcuma

La curcumina contenida en la cúrcuma entra en el cerebro para beneficiar directamente a las células que se reproducen allí. La curcumina es un potente compuesto antioxidante y antiinflamatorio que beneficia al sistema de memoria del cerebro. Los estudios también han demostrado que ayuda a mejorar el estado de ánimo cuando se ingiere.

5. Granos integrales

Se sabe que los granos enteros contienen muchas vitaminas, lo que es muy importante para el desarrollo del cerebro y del sistema neurológico. Los granos integrales incluyen alimentos como la cebada, el arroz, la avena y la pasta integral. Algunos de ellos se pueden tomar como cereal temprano, o se pueden hervir y tomar con salsa. Todo queda en manos de tu imaginación culinaria.

6. Col rizada

La col rizada es otra verdura que contiene glucosinolatos y, al igual que el brócoli, también se sabe que ayuda a reducir la susceptibilidad del cuerpo a las enfermedades degenerativas y a mantener el cerebro sano y listo para funcionar.

7. **Té verde**

La cafeína, que es muy importante para la función cerebral, se puede encontrar en el té verde. Tomar té verde por la mañana puede ayudar a darle al cerebro una dosis de alerta, memoria y concentración. Otro nutriente esencial en el té verde es la L-teanina que es un aminoácido que promueve las actividades del neurotransmisor GABA. La L-teanina también puede ayudar al cerebro a relajarse ante una actividad estresante.

CAPÍTULO SEIS: DERROTAR LOS MALOS HÁBITOS

A estas alturas, debes haber estado practicando los consejos dados en los capítulos cuatro y cinco acerca de la autodisciplina y la concentración. Sin embargo, se debe hacer un esfuerzo consciente para mantener lo que se ha aprendido. El aprendizaje profundo y sostenido requiere que el alumno comprenda la posición en la que está aprendiendo. Conocer su ritmo y la actitud involucrada es un buen punto de partida. No es suficiente adquirir nuevas habilidades, sino también identificar esos patrones de comportamiento negativos que arruinan tu productividad. Estos son reveses que han sido parte de tu vida. Pero ¿Qué pasa cuando descubres que las actitudes negativas que frustran tu proceso de aprendizaje son tus hábitos? Y estos hábitos, al momento en el que uno se da cuenta, han reducido el ritmo al que se alcanzas el nivel de productividad. Nuestra atención no se centra en cuándo comenzaron los malos hábitos, ya que algunos comenzaron los suyos a una edad muy temprana, mientras que otros los desarrollaron a medida que crecían hasta la edad adulta. Es bueno que se identifiquen y tus estadísticas deben haber resumido el efecto por tiempo, desde emocional, psicológico, de salud, etc.

Los malos hábitos tienen una forma de lidiar con uno. Algunos comienzan con nuestro ser interior. Procede a destruir nuestra propia imagen y autoestima mientras muchos otros reflexionan sobre nuestro nivel de productividad. Cualquiera que sea el efecto, puedes derrotarlo. Debes saber que el impacto adverso de estos malos hábitos puede ser tan peligroso que afectan tu salud y estado mental. Y un ser enfermo no puede rendir al máximo de sus capacidades.

12 MALOS HÁBITOS QUE ESTÁN MATANDO TU PRODUCTIVIDAD

1. Tratar de hacer todas las tareas

Los humanos no son robots. Y nadie espera que hagas todo. Incluso los robots están programados para un trabajo específico. Pero la mayoría de las veces, tiendes a sobrecargarte de trabajo probando cada tarea. Intentar algo nuevo no está mal, pero hacer todas las tareas es el problema. Tiendes a perder la concentración cuando haces eso. No podrás especializarte. Sería un error ver a un gerente de ventas realizando la tarea de un administrador de personal. Así como no puedes comer la comida de todos, tampoco puedes hacer todos los trabajos.

2. Dejar que las redes sociales te distraigan

Todo el mundo está entusiasmado con la nueva interfaz que viene con la última actualización, los filtros añadidos que embellecen la vista y la función de deslizamiento de una sola vez. Y como el trabajo ha ocupado el espacio de tus amigos más íntimos, es inevitable que consigas otro conocido que no se vaya pronto. Entonces pasas más tiempo con ellos hasta el punto de que se convierte en un hábito. Ese sentimiento de emoción que proviene de apegarse a sus amigos digitales en las diferentes plataformas de medios sociales; y las tendencias y actualizaciones siempre han sido un gran asesino para tu momento productivo.

3. Desorden

Es posible que no pienses en el desorden como algo importante hasta que te des cuenta de que no puedes conseguir lo que quieres sin buscarlo. ¿Por qué? Porque no está organizado como debiera. Un gabinete de oficina lleno de informes anticuados, periódicos y revistas puede perjudicar tu trabajo. Les muestra a tus colegas lo desorganizado que estás. Todas las oficinas tienen un sistema de archivamiento. Juntar un tipo de documento con otro desordena todo, y siempre tendrás que estar buscando lo que necesitas.

4.   Falta de un plan

Despertarse en el día con la actitud mental correcta es bueno. Pero no tener la intención de cumplir el día no es algo bueno con lo que contar. Ceñirse al plan general o a un plan de "no plan" es un mal hábito que hay que eliminar. No puedes ir con la corriente cuando hay una meta que alcanzar. ¿Qué sucede si el plan general no es adecuado para tu tarea específica?

5.   Piensa en el trabajo todo el tiempo

La principal pasión que alimenta tu trabajo es el amor que le tienes. Pero este amor no puede ser productivo si no está bien expresado. Pensar en el trabajo cada vez te mantiene preocupado. Tiendes a hacerte múltiples preguntas a la vez. ¿Qué debo hacer ahora? ¿Qué hay sobre el informe? ¿Cómo presento este papeleo? Y así sucesivamente. Entonces te distrae de crear tiempo para planear el trabajo. Lo que has estado haciendo es principalmente ansiedad.

6.   Lo primero es lo último, lo último es lo primero.

Esta secuencia es una anulación total de la prioridad. Todo el mundo quiere algo, pero no todo el mundo ha sido capaz de determinar sus necesidades específicas en función de lo mucho que las necesita. Generalizar lo que necesita puede no ayudarte a hacer las cosas de manera diferente. Imagine dar demasiadas opciones cuando pueda estructurar sus necesidades en el orden de su importancia.

7.   La tarea fácil primero, las difíciles después

La difícil tarea es técnicamente desafiante, y por eso se le llama así. La gente tiende a empujar la tarea más difícil hacia el futuro, mientras que éstas son las más importantes. Llegar a hacer el trabajo más sencillo primero, sin crear un plan estratégico sobre cómo resolver el más difícil, lleva la tarea a un punto muerto. Se vuelve más difícil cada vez que se le posterga. Posponer una tarea esencial para el futuro no te haría alcanzar tu objetivo. Incluso añade más presión al trabajo.

8. Quejas

Nuestro estado mental y psicológico en el lugar de trabajo podría verse afectado la mayoría de las veces, y es natural que los seres humanos se cansen. Y una actitud que refleja el cansancio es la expresión vocal que la acompaña. El murmullo y el soliloquio es un síntoma común. Las quejas provienen de un sentimiento negativo cuando no se logran los resultados correctos. Y los efectos de estos sentimientos resultan en una falta de voluntad para terminar la tarea.

9. El pedacito perfecto

La dedicación es un atributo que demuestra que tú valoras tu trabajo. Este catalizador a veces puede implicar añadir especias a la parte que constituye la perfección. La perfección es lo que define nuestra excelencia. Pero sería molestoso cuando condimentamos todos los trozos. Y los pedazos en sí mismos no son importantes para el resultado deseado. ¿Qué pasa si nos quedamos atascados? Nos frustramos, ¿verdad? Luego, el estrés aparece.

10. Negatividad

La negatividad es más una cosa de la mente que una cosa física, cuyo resultado se evalúa visiblemente. Todo comienza con la mentalidad equivocada de tener progresivamente un mal resultado. La mayoría de las veces no aparece porque alguien lo inspiró. Aparece como un recordatorio en tu mente. Te permite culparte, menospreciarte. Entonces se llega a la conclusión de que no se está en condiciones de alcanzar el objetivo o de hacer algo extraordinario. Lo que sucede es que el resultado de la productividad se reduce.

11. Indecisión

Muchas veces, nos enfrentamos a una gran decisión que tomar. Estas son opciones que determinan el progreso de nuestro éxito o un éxito totalmente intencionado. Podría incluso ser una preocupación que proviene del mundo exterior, pero que afecta a nuestro entorno inmediato. Un buen ejemplo es cuando se enfrenta a la decisión de ejecutar un proyecto con un puñado de clientes. Aquellos que tienen diferentes variables como tecnicidad, velocidad, experiencia, conocimientos, etc. Pero nadie quiere cometer el error de elegir el equivocado. Sin embargo, no hacer uno en absoluto no completaría la tarea. Su indecisión incluso prolonga la fecha de finalización.

12. Poco tiempo para descansar

Se cree que una siesta energética reaviva la energía y te prepara para comenzar una excelente tarea. Entonces, ¿Qué pasa si todo lo que te queda después de un día agitado es un poco de tiempo para descansar? La mayoría de las veces, el trabajo de oficina se toma en casa como horas extras. Pero tendemos a no lograr el mejor trabajo porque nuestro sistema corporal no ha sido revitalizado. Esta rutina es un hábito desagradable que necesita una segunda reflexión.

6 MANERAS DE ELIMINAR INMEDIATAMENTE LOS MALOS HÁBITOS

Eliminar los malos hábitos es una gran decisión para tomar. Algunos, con el tiempo, han optado por ignorar sus malos hábitos porque lo consideran una forma de vida adecuada. Otros han encontrado medidas para gestionarlos. De cualquier manera, la vida puede ser vivida al máximo cuando estás seguro de que ninguna actitud negativa te está consumiendo. Entiéndase que es muy posible eliminar los malos hábitos, y que se necesita estar preparado para hacerlo. Lo siguiente puede ser empleado como una guía para ayudarte.

1. Preparándose

Una gran manera de comenzar una tarea es cuando eres plenamente consciente de la tarea en cuestión. Lo mismo sucede con la eliminación de los malos hábitos. Prepárate para esta tarea. Prepárate significa decir: "Estoy listo para esto, y no hay mejor momento que ahora". Llega a la plena comprensión de que se ha propuesto para hacer lo mejor. Deja que empiece desde dentro de ti. Al igual que cuando se inclina a pensar de otra manera, alinéate con esta nueva mentalidad de "Este es el momento perfecto para eliminar esos malos hábitos, y estoy mejorando". Podrás estar tentado a sopesar tus opciones. No le des una oportunidad. Pon todo en su lugar para que se ponga en marcha.

- **Pensar de forma diferente**

Los seres humanos se sienten naturalmente cómodos cuando las cosas son fáciles. Y para ti, los malos hábitos deben haberte dado un poco de consuelo. Ya es hora de pensar de otra manera sobre toda la situación. Ten la mentalidad de que estás luchando una batalla con tus malos hábitos. Piensa en ti mismo como el soldado que está equipado con la armería moderna y tus malos hábitos sólo tienen armas de la edad de piedra. Sólo con esta mentalidad, ya te has colocado en una posición de victoria. Todas las demás medidas que se tomen no se considerarán graves.

- **Intencionalidad**

Es necesario afirmar una actitud deliberada en este sentido. Necesitas estar de pie para este nuevo movimiento a pesar de cualquier reto que pueda acompañar este ejercicio. Activar el poder de la mente para lograr el gran resultado de derrotar esos malos hábitos.

2. El enfoque del caracol

Si hay algo por lo que el caracol es conocido, es por su lentitud en el movimiento. Nadie te está sugiriendo que consigas un caracol (puedes hacerlo si quieres). Pero el enfoque del caracol trae consigo un entendimiento de que hay que empezar de a poco. Y empezar de a poco a veces puede parecer lento. Comprende que tu nuevo hábito no vendrá como un "big bang" sino en un estado estable. Tu objetivo en este nivel es el progreso. Asegúrate de que estás haciendo algo diferente respecto al viejo hábito. No hay necesidad de apresurarse.

3.   Identificar el por qué

Puede que no hayas pensado en por qué haces las cosas que haces, quizás sólo porque se ha convertido en una parte de ti. Identifica las cosas que te motivan a hacer lo que haces. Tal vez pienses demasiado en tu trabajo cada vez que recibes un nuevo correo o te quedas activamente en las redes sociales cada vez que tienes una disputa con tu amigo. Simplemente identifica las causas detrás de esos malos hábitos y ya habrá comenzado el proceso de eliminación.

- **Evaluar**

Una evaluación sincera de tu comportamiento negativo es necesaria en esta etapa. Sinceramente compara las consecuencias de estas conductas con las correctas. Estarás de acuerdo en que el lado positivo supera por mucho al negativo. No te crucifiques cuando tengas un revés. Es una expectativa que es probable que ocurra. Asegúrate de volver a hacerlo pero de la forma correcta.

4.   Crear recordatorios

Uno de los primeros impulsos que respaldan nuestro compromiso es cuando se nos recuerda constantemente. Necesitas que te recuerden que quieres eliminar estos malos hábitos. No sólo te ayudará en el presente, sino que también crearás una atmósfera para un gran futuro.

- **Recordatorios digitales**

Realizar un recordatorio puede funcionar bien con la mayoría de los dispositivos móviles. Puedes buscar aplicaciones que creen una lista de tareas pendientes, busca las opciones y activa la función de alarma. Crea una palabra o frase que continuamente te recuerde el hábito que deseas eliminar. Es bastante evidente que, a estas alturas, ya debes haber identificado la causa o los desencadenantes de tu mal hábito. Si el tuyo es estar en las redes sociales a menudo, tal vez quieras decir: "es hora de dormir". O si te gusta la negatividad, puedes tener esto: "Mi patrón de pensamiento negativo no me ayudará, merezco la felicidad, y eso es lo que funcionará para mí." Asegúrate de poner la alarma al menos 10 minutos antes del comienzo de los extremos. Sabrás cuándo estás a punto de llegar allí. Esta estrategia bien estructurada creará suficiente tiempo para que adaptes de forma eficaz.

- **Libro de registro**

Escribir las cosas tú mismo te dará la sensación de personalizar tu objetivo. Obtén un libro de registro en la librería o crea uno para ti. Divide la página en dos verticalmente. Empiece escribiendo tus terribles hábitos en el primer lado. Agrega recordatorios de lo que debe hacer (o no hacer) en el otro lado. Esta idea imita al recordatorio digital. Podrías analizar tu progreso marcando el hábito que se te recuerda constantemente.

- **Amigos**

Podrías considerar contarle a tu amigo acerca de este cambio. Siempre hay un amigo que nos impulsa hasta que una tarea se hace con éxito. Incluso puede que se le ocurran mejores sugerencias o planes. Esta acción te dará un sentido de responsabilidad. Asegúrate de informar a tu amigo para que te entregue un informe de progreso, o podrías pensar en una guía tú mismo. No querría que te ridiculizaran con un fracaso. ¡Otra vez no!

- **Pegatinas**

Escribe palabras o frases cortas en las etiquetas y ponlas a tu alrededor. Una pequeña nota adhesiva esparcida a su alrededor le servirá como un recordatorio perfecto de lo que necesitas hacer. Asegúrate de colocarlo en el lugar donde se desencadena el mal hábito. Puede estar en su oficina, en tu calendario, en tu bloc de notas, en la pared e incluso en tu automóvil.

5. **Cambia tu entorno**

Visitar un lugar en particular puede ser el desencadenante de uno de tus malos hábitos. Tiendes a beber más botellas de cerveza cada vez que sales con amigos en el bar del centro de la ciudad. Considere ir a otro bar, diferente al que frecuenta, esta vez solo. Crea una nueva atmósfera para ti. A veces, la sensación de un lugar que visitas continuamente te empuja a reaccionar negativamente.

- **Recompensar cada hábito roto**

Un "hábito derrotado" aquí significa que tú has sido capaz de detener esa mala práctica con éxito. Ya no se te ve haciéndolo. Motiva tu progreso hacia la positividad recompensándote. Todo el mundo necesita aliento. Y este sistema de recompensa puede ser la única cosa que te mantendrá en marcha hasta que alcances el máximo éxito.

- **Sustituir**

Una manera significativa de recompensarse es buscar un hábito positivo que sustituya al mal hábito. Un hábito es parte de tu vida. Al igual que en el fútbol, el jugador menos eficaz es reemplazado; pero en casos urgentes, es inevitable una necesidad extrema de cambiar el jugador en forma cuando la estrategia no parece funcionar. Es lo mismo aquí. Cambiar el hábito menos productivo para tener una vida más productiva.

También estarás de acuerdo en que esos malos hábitos vienen con la finalización de los mismo. La mayoría de las veces está ahí para satisfacer una necesidad que puede venir como resultado de la depresión, la tristeza, el rechazo, el fracaso, el aburrimiento, etc. Si esas necesidades no se satisfacen con otra cosa, entonces existe un área gris.

- **Elaborar un plan y una estrategia**

Debes saber qué hacer cuando los desencadenantes aparecen inmediatamente. Trabaja con la estrategia del sistema de recompensas cada vez que reemplaces tu mal hábito con un patrón positivo. No le des espacio a la soledad. La soledad en este sentido significa insatisfacción en sus expectativas. No esperes estar en ese inconveniente otra vez. Esta práctica le resultará más cómoda cuando evite los factores desencadenantes.

- **Mirar hacia el futuro**

El futuro que estás buscando es la realidad de otra persona, y algunas personas están haciendo lo que tú quieres lograr ahora. ¿Por qué no acercarse a ellos y hacer nuevos amigos? Si restringirte de tus viejos amigos te dará suficiente tiempo para romper con tus malos hábitos. Tienes que intentarlo.

6. **Busque apoyo profesional**

Si aún te sigue resultando difícil adoptar una actitud positiva hacia el esfuerzo de ayudarte a ti mismo, considera la posibilidad de ver a un profesional. El psicólogo puede ayudar a identificar patrones psicológicos, emocionales y de comportamiento que desencadenan malos hábitos. El psicólogo se asegurará de tu progreso y puede ser valorado.

6 MANERAS DE CREAR GRANDES HÁBITOS PERMANENTES

Tal vez te hayas preguntado por qué tus planes no están funcionando como esperabas. Puede que haya funcionado durante algún tiempo, pero parece soso y no parece funcionar. Puede que te hayas dicho a ti mismo que dejes de estar 8 horas al día en Internet sin aprender algo nuevo, pero parece que no funciona. No te preocupes. Date cuenta de que este un juego diferente para ti. No es el juego de azar, sino el de un compromiso total. Asegúrate de haber sido capaz de descubrir qué es lo que desencadena tus malos hábitos y los patrones extraños que hay detrás de ellos. Puede que necesites analizar tu búsqueda y el sacrificio que hay detrás de ella. "¿Qué quiero cambiar y cuánto quiero que cambie mi vida?" Ten un análisis de lo que hará más y de lo que se hará menos. Dile a tu interior la verdad que necesita ser dicha. Esto es lo que esperas del futuro de la positividad. Esta es una manera segura de empezar.

1. Concéntrese en un hábito a la vez
Dado que tus hábitos no comenzaron todos a la vez, necesitas saber que cambiarlos tampoco será todo a la vez, tanto como quisieras que sea. Trata de abordar un hábito a la vez. Si tu enfoque es detener la actitud negativa hacia la ejecución de proyectos, enfréntela. No combines muchas cosas. Es incluso una actitud poco saludable tratar de hacer muchas cosas juntas.

Comienza con el hábito con el que se sienta más incómodo. No tengas prisa. El progreso es lo que buscas. Una vez que sepas el curso que estás siguiendo, llegar allí no será un problema.

2. Haga preguntas
No actúes como si fueras un profesional aquí. Hay tantas cosas que pasarán por tu mente. ¡Pregunta! Podría estar preguntándose cómo

sobreviviría la noche sin exceso de alcohol. Pregunte: "¿Y si sobreviviera las primeras cuatro horas?" Hacer preguntas no debe limitarse a ti. La asistencia de un terapeuta o psicólogo puede ser de ayuda. También puede serte útil cuando te hagas preguntas a alguien que se ha adherido al nuevo hábito que está a punto de aprender.

Tu curiosidad también podría querer saber cuándo podrá adaptarse al nuevo hábito. ¡Pregunta! De esta manera, puedes decidirte ya que sabes el "cuándo", el "cómo" y el "por qué".

3.   Comience con una fecha límite

Hemos establecido que no hay necesidad de apresurarse en apegarse a hábitos positivos. Pero puedes empezar de a poco y a tu propio ritmo. Date una fecha límite para probar el primer hábito. Digamos que durante veinte días. Así que, durante los próximos veinte días, no harás ese hábito específico con el que has decidido empezar. Y por supuesto, lo reemplazarías por el positivo. Puedes controlar tu progreso con los dedos. Tus uñas pueden representar los primeros diez días. Obtén una pegatina de uñas con diseño y ponla en tus uñas diariamente después de haber logrado mantener el hábito positivo. Después de haber utilizado la pegatina durante los primeros diez días, empiece a quitarla diariamente hasta el final de los diez días siguientes. Este plan de acción te dará una sensación de control. Habrá podido personalizar este ejercicio y al mismo tiempo darle una fecha límite.

4.   Celebre tu progreso

Has comenzado con un modelo de "gran cheque" "menos trabajo". El cheque grande representa el hábito al que aspiras, mientras que menos trabajo es su esfuerzo por mejorar las cosas. Ten en cuenta que tu meta es grande pero alcanzable. Alcanzar tu objetivo progresivamente muestra que te has movido del reino de la fantasía a la realidad. Entonces, ¿Por qué no celebrar cada propósito que consigues? Aumente tu motivación celebrando cada progreso. Esto te dice que puedes hacer más y mejor.

5.   Quédate con la melodía

El ritmo del nuevo hábito ha estado en el aire durante algún tiempo. Asegúrate de seguir bailando la canción. Ninguna otra canción debería persuadirte. Tienes que ser consistente. Puede que no quieras cambiar tu rutina. Trata de construir tu hábito de acuerdo con tu método. Todo lo que necesitas hacer es poner en marcha la nueva iniciativa. Podrías estar pensando en despejar tu guardarropa. Podría hacer esto de manera efectiva en el momento en que desees vestirte. Sólo tienes que elegir tu vestido preferido y usar la otra mano para arreglar los otros trajes. Recuerde, empiece de a poco para que no te sientas abrumado.

6.   No des demasiadas opciones.

Es necesario ser específico en las estrategias para mantener tu nuevo hábito. Una vez que decidas cómo quieres hacerlo, sigue el plan. En el momento en que empiezas a comparar muchas opciones, la duda puede aparecer. Podrías incluso confundirte y desanimarte. Has decidido reducir tu consumo de alcohol tomando un limón entero después de un vaso de cerveza. ¡Bien! Apégate a ello. Hay muchas otras decisiones importantes que tomar para comenzar a entrar en conflicto con las que ya has tomado.

CAPÍTULO SIETE: DOMANDO LA MENTE

La mente humana es naturalmente salvaje y siempre necesita una aventura. Debido a esto, es necesario que aprendas a domar la mente y hacer que funcione a tu favor. Esto le ayudará a trabajar a tu favor y te proporcionará mucha positividad. Uno de los maestros y psicólogos más sabios de todos los tiempos, Buda, describió la mente humana como un mono que siempre está saltando por ahí chillando y parloteando sin parar. Todos tenemos mentes que nunca quieren descansar, siempre necesitan algo más. Así como un mono siempre necesita atención, la mente humana siempre quiere que pongas todo tu enfoque en él. La mente alcanza sus objetivos de diferentes maneras, de forma sobresaliente, por consideraciones negativas, por ansiedad y por miedo.

Debido a la presencia de esta mente de mono, ahora se nos ha hecho más difícil vivir en el presente. La mayor parte de nuestro tiempo como humanos lo pasamos arrepintiéndonos del pasado o viviendo con miedo al futuro. Pronto descubres que te has vuelto infeliz, triste, naturalmente enojado e inquieto. Es hora de calmarse y domar al mono en la mente. Después de todo, es tu mente, y deberías hacer uso de ella como si realmente la poseyeras. Algunos beneficios simples de domar tu mente incluyen:

- Claridad de mente
- Plena felicidad
- Dormir mejor
- Enfoque y concentración
- etc.

Todos estos son beneficios muy excelentes, y no debes dudar en abrazarlos en tu vida. Pero hay algunos pequeños pasos que te mostraré para ayudarte a realizar plenamente este sueño.

12 CONSEJOS INDISPENSABLES PARA DEJAR DE PENSAR DEMASIADO Y CONTROLAR TU MENTE

Puede sonar extraño para ti, pero la verdad es que probablemente seas adicto al pensamiento. Puede que nunca hayas empezado a considerarlo, pero la mayoría de nosotros pasamos mucho tiempo pensando y trabajando demasiado nuestras mentes. Pensamos en qué comer para cenar, qué temporada ver en Netflix, por qué el clima mundial está cambiando tan severamente. Pensamos en prácticamente todo. Si bien el pensamiento es una aventura excelente y necesaria, a veces puede atascar la mente cuando se vuelve demasiado. La mayoría de las veces, nunca sabemos que ya es demasiado, y ahí es donde reside el problema. Pensar tanto en tu mente puede convertirse en un ligero trastorno y llevarte a una ansiedad abrumadora. Tu mente permanece estresada, y la paz comienza a eludirte. Practica esto y elabora tu testimonio:

1. **Estudia tu mente y encuentra las cosas que te causan estrés y ansiedad**

Hay diferentes razones para que diferentes personas piensen demasiado. Para algunos, podría ser inestabilidad financiera; para otros, razones de seguridad; y para otros, podría ser una enfermedad terminal. Necesitarás encontrar tus motivos. Hazte las preguntas necesarias de por qué piensas demasiado, y las veces en las que sea probable que pienses demasiado. Toma nota de las cosas importantes en las que piensas y del patrón en el que se forman todos esos pensamientos. Si esto se hace con diligencia, sut notas te ayudarán a entender algunas de las principales razones por las que actualmente estás pensando demasiado.

2. **Considera las cosas que te hacen pensar demasiado**

La pregunta aquí es, ¿Qué tan importantes son esas cosas que te hacen pensar demasiado? ¿De qué te servirán en tu vida si sigues preocupándote por ellos? ¿Importará dentro de cuatro años o incluso cuatro meses? Si la respuesta es no, deberías olvidarte de ello. Tu mente está simplemente jugando tristes trucos contigo, y tú tienes que ser el jefe aquí. Si no son importantes, entonces debes dejar de pensar en ello y enfocar tu tiempo en cosas más importantes.

3. **Tomar decisiones rápidas**

Aprende a tomar una decisión rápida y termina el proceso. Si eres el tipo de persona que puede tomar horas tratando de averiguar qué comer en el almuerzo, entonces esto es para ti. Debe haber un marco de tiempo para la toma de decisiones en tu vida. Si te vas de vacaciones, investigue y establezca el destino en una semana. No permitas que se prolongue y se convierta en un problema para ti.

4. **Empieza el día con una nota apropiada**

Ya lo he mencionado antes: las malas mañanas probablemente conducirán a un mal día. Toma el control de tu día desde la mañana y comienza a eliminar cualquier pensamiento estresante que haga que quieras levantar la cabeza. Puedes hacer esto leyendo algo que elevará tu espíritu cada mañana, o puedes practicar la meditación para calmar tu mente.

5. **Comprender que pensar demasiado es malo para la salud mental**

Pensar demasiado te quita todo el tiempo y la energía que deberías haber usado para algo más importante. Te deja exhausto e incapaz de lograr resultados tangibles. Al hacer algunas de estas cosas con tu salud mental, te vuelve susceptible a la ansiedad y la depresión, que son algunos de los principales desencadenantes de los suicidios y pensamientos suicidas.

6. **No te emociones demasiado.**

Por supuesto, la gente también piensa demasiado en los pensamientos positivos. Por ejemplo, Tú acabas de realizar una breve encuesta sobre la proyección de los beneficios de tu empresa y has visto que podría enriquecerte con miles de dólares antes de que finalice el año. Comienzas a imaginarte todas las cosas que podrías hacer con el dinero, la buena vida que finalmente puedes tener y las cosas de las que finalmente puedes deshacerte. Estos pensamientos te consumirán con una excitación sin fundamento hasta el punto de que podrías olvidarte de las ideas y continuar pensar en ellas una y otra vez, disfrutando de la belleza que imaginas para ti mismo.

7. **Documenta tus pensamientos**

Saca esos pensamientos de tu cabeza y ponlos en un papel. A veces ayuda. Puedes poner un bloc de notas cerca de tu cama y anotar los pensamientos que te viene cada vez que estás a punto de dormir. Una vez que ha sido sacrificado, el cerebro se verá obligado a soltarlo y a liberarte.

8. **Adoptar un estilo de vida más despreocupado**

A veces es mejor no preocuparse. Claro, hay muchas cosas que deberían molestarte, pero pregúntate cuántas veces el pensar en una situación ha ayudado a esa situación. Las posibilidades son de una en un millón. Así que a veces es mejor que te olvides de todo y vivas como un rey. Distráete de tus pensamientos y trata de practicar la felicidad más a menudo.

9. **Ocúpate**

La mente rara vez tiene tiempo para pensar cuando estás ocupado. Aunque todavía puede suceder, eso sólo vendrá como una forma de distracción que te he enseñado a superar. Una de las principales causas de pensar demasiado es una mente improductiva. Las personas que se mantienen ocupadas casi nunca tienen tiempo suficiente para permitir que su mente se desvíe hacia pensamientos infundados.

10. **Darse cuenta de que no se puede controlar todo**

Hay cosas que puedes controlar, y hay otras que simplemente están fuera de tu control. Tienes un viaje mañana, y el tiempo pronostica que será un día lluvioso. No hay necesidad de estresarse por ello. Cancele el viaje si es necesario y tenga tranquilidad.

11. **Libera tu entorno de pensadores excesivos**

Su entorno puede jugar un papel importante en el desencadenamiento del pensamiento excesivo. No se limita a las personas cercanas a ti. Se extiende a las cosas que lees, los podcasts que escuchas, las tendencias que sigues, etc. Retira todo esto de su entorno inmediato.

12. **Vivir en el presente (no en el pasado ni en el futuro)**

Las únicas cosas que deberían molestarte son las que están sucediendo actualmente en tu vida. Si estás en la universidad, concéntrate en tus estudios y saca buenas notas. Prepárate para el futuro y deje de preocuparte por ello. Si fuiste abusado cuando eras niño, encuentre una manera de perdonar y seguir adelante con tu vida. Puede ser difícil, pero recuerda, es todo para ti.

7 TÉCNICAS PARA VENCER EL MIEDO AL FRACASO

Es natural temer el fracaso. El fracaso nunca es algo con lo que uno quisiera estar asociado, y por eso los humanos tiemblan al verlo. Una vez que salimos de nuestra zona de comodidad, comenzamos a sentir que las cosas probablemente pueden salir mal. Y la verdad es que la picadura del fracaso es dolorosa y puede dejarte con una marca por el resto de tu vida, excepto si eres una persona que se cura rápidamente y sigue adelante. Entienda que tus fracasos son siempre un trampolín para tu éxito. Puede que se te esté acabando el tiempo, pero esa es razón suficiente por la que deberías acabar con el miedo al fracaso y, en su lugar, calmarte. Sin oscuridad, nunca entenderás la luz. Sin frío, nunca apreciarás el calor. Sin fracaso, nunca entenderás la verdadera esencia del éxito. Por lo tanto, no hay necesidad de temer el fracaso per se. Pero vencer el miedo al fracaso no es tan fácil. Necesita entender y poner algunas cosas en su lugar para ganar completamente la ventaja. Algunos de estos incluyen:

1. **Comprende que fallar no significa que eres un fracaso**

Mucha gente ha fracasado muchas veces, pero hoy no los vemos como fracasados. Los ejemplos son numerosos.

- Nadie sabe cuántas veces lo intentó Edison hasta que finalmente pudo inventar la bombilla incandescente. Pero se cree que fue más de cien veces.
- Un editor le dijo una vez a Walt Disney que sus animaciones carecían de imaginación. Hoy en día, la compañía Walt Disney tiene más de cincuenta películas de animación de gran éxito en su haber.
- La serie de Harry Potter de J.K. Rowling fue rechazada más de diez veces por diferentes editores hasta que la suerte la encontró. Hoy en día es la autora más rica del mundo.

Hay más ejemplos, pero la conclusión es que el fracaso nunca es un punto final, excepto si tú has decidido que se convierta en tu punto final.

2. **Aprende de tus fracasos**

No importa cuán negativa sea la experiencia, siempre hay algo positivo que aprender de ella. Sólo un tonto comete el mismo error dos veces. Evalúa todos nuestros fracasos y selecciona los beneficios. Están allí, sólo tienes que mirar más profundamente para verlos. Una manera de ayudarte es empezar a escribir todas las empresas en las que has fallado y escribir las cosas que has aprendido al fallar en ellas.

3. **Ver cualquier visión de fracaso como un reto para intensificar tu juego**

Si crees que puedes fracasar, acepta el desafío y prepárate para no fracasar. Ese es el único camino hacia el éxito. De hecho, sólo un puñado de personas están totalmente seguras del éxito cuando comenzaron una empresa. La mayoría de las veces, eran bastante pesimistas, pero se esforzaban al máximo y esperaban tener éxito. El éxito difícilmente elude a la gente así, excepto si se cometió un error en alguna parte.

4. **Mantente optimista y visualiza el éxito**

Aleja la idea de fracaso de tu mente y mantente positivo. La idea de fracasar seguramente vendrá, ¿pero qué pasa si tienes éxito? Hay dos caras en la moneda, y ninguna de ellas debe ser descuidada al lanzarla. Si una de cada cien empresas nuevas en nuestra comunidad sobrevive más de cinco años, entonces podría ser su empresa nueva. Si sólo una persona tiene éxito, entonces podrías ser tú.

5. **Entiende que el miedo al fracaso no te convierte en un éxito.**

No importa lo mucho que pienses acerca de no lograr nada debido al fracaso, el éxito nunca te compadecerá y vendrá a tu rescate. ¿Crees que el miedo al fracaso es una pesada carga? Pruebe la carga del arrepentimiento y verás hasta dónde lo llevarás. No hay nada más doloroso que ver a alguien lograr las cosas que siempre quisiste lograr, sólo porque permitiste que el miedo al fracaso te frenara. Olvídate del fracaso y toma acción para lograrlo.

6. **Se amable contigo**

Si alguna vez has experimentado el fracaso, es hora de superarlo. Aprende de tus fracasos y supéralos. Tu mente podría querer seguir recordándote lo malo que eres, diciéndote que nunca serás bueno en nada. En su lugar, sea amable con contigo. Si cometiste un error en el pasado, prométete que no volverás a caer en lo mismo. Entonces sigue adelante. Nadie nunca está por encima de los errores.

7. **Evitar el perfeccionismo**

Nada en el mundo es perfecto. Cada cosa bella en el mundo está atada con uno u otro defecto. Reconoce que nada de lo que hagas será perfecto, así que sigue adelante y empieza algo. Completa la tarea con los errores y luego tómate el tiempo para corregirlos. Completar el proyecto en sí mismo es un gran paso, y esto te dará el impulso de continuar.

6 SECRETOS PARA CREAR UNA MENTALIDAD DE ÉXITO

Nunca puede haber éxito sin una mentalidad de éxito. Esos dos van juntos como el humo y el fuego. Nunca puede haber uno sin el otro. Piensa en la mayoría de las personas exitosas que conoces. La posibilidad de que hayan tenido éxito por error es muy pequeña. Muchas veces, las personas que tienen una mentalidad de fracaso siempre terminan en fracaso, porque casi nunca identifican las oportunidades cuando las encuentran. Una mentalidad de fracaso siempre resultará en tu contra. No importa cuánto lo intentes, no importa todo el trabajo duro que pongas en marcha, una mentalidad de fracaso siempre producirá fracaso. Un factor importante que diferencia a los grandes triunfadores de los fracasados es la manera en que piensan, el contenido de sus mentes. Por lo tanto, para crear el éxito que necesitas, debes preparar tu mente para ello. Una mentalidad de fracaso siempre se sorprenderá cuando el éxito sea finalmente alcanzado, pero una mentalidad de éxito verá que el éxito viene de una milla de distancia.

Estos secretos te ayudarán a desarrollar la mentalidad perfecta que se acomodará al éxito:

1. Alcanzar un pequeño objetivo a la vez

Cuando miras a tu único gran sueño, el tamaño de este puede asustarte para que pienses que puedes fracasar a largo plazo. Recuerda que la gran imagen del éxito no aparece al chasquido de un dedo. Roma no se construyó en un día. Fue construido de piedra en piedra. ¿Cuáles son las piedras que construirán tu futuro? Empieza a ponerlas, una piedra a la vez. Si quieres ganar el Premio Nobel de Física, entonces, primero debes tener un título universitario en Física. Quieres convertirte en un ganador del Premio Pulitzer de Ficción; entonces, debes empezar a escribir tu novela ahora. Estos pequeños objetivos se convertirán en una gran montaña de éxito.

2. Hazte cargo de tu mente

Hemos tocado poco sobre esto en el capítulo 7 (domar la mente). Es más fácil para la mente visualizar el fracaso que el éxito. Cierra los ojos e imagina un terreno llano, un desierto sin ninguna forma de vida. ¿Ves lo fácil que es hacerlo? Ahora cierra los ojos e imagina ese desierto con rascacielos, con gente de todas las razas comprometida en el comercio. Imagina que este desierto contiene el edificio más alto del mundo. Ves lo difícil que es para tu mente crear una imagen de riqueza y abundancia. Si tuviste éxito, debe haberte tomado un gran esfuerzo para hacerlo. Este es el tipo de esfuerzo que se requiere para ver tu vida como un éxito.

3. Sé flexible y listo para modificar tus planes

No existe un plan determinado para el éxito. Las cosas pueden salir mal y mostrarte las fallas en tus planes. En este punto, lo mejor que puedes hacer es mantener tu mente lista para un cambio. Es posible que no logres todas las metas que asignaste a un plan, y eso está bien. Todo lo que tienes que hacer es asegurarte que tu mente esté siempre lista para un cambio de plan.

4. Eres tu mayor competencia

Siempre esfuérzate por adelantarte a ti mismo. Conoce tu destino y averigua qué tan rápido debes moveré, luego, muévete a ese ritmo. Compararte con los logros de otros puede dejarte con consecuencias perjudiciales. Puedes admirar a las personas que se han adelantado a ti y admirar su estilo de vida. Aprende de ellos y sigue tratando de desarrollarte.

5. Encuentre un mentor (alguien que lo mantenga motivado)

Un mentor es alguien que actúa como un padre para ti o un maestro en cualquier campo o actividad que puedas encontrar. Ponte en posiciones en las que pueda conocer a los mejores de los mejores en su campo. Luego construye relaciones fuertes con ellos que se convertirán en un mentor. Un mentor será alguien a quien puedes reportar fácilmente si cometer un error. Un mentor te regañará y te aconsejará cuando sea necesario. Y saber que tienes a alguien a quien siempre puedes admirar te proporcionará la dosis necesaria de mentalidad de éxito para mantenerte en marcha.

6. Habla contigo mismo

Alto a la procrastinación

El mejor consejo que puedes recibir es el que te das a ti mismo. Siéntate y habla contigo. Haz todas las preguntas necesarias y trata de averiguar por qué las cosas están saliendo como se supone que deben salir. La clave aquí es que tienes que ser sincero contigo mismo. Tómate tu tiempo y anímate. Date recompensas. Apreciarte a ti mismo. Menciónate que tienes que trabajar más duro y lograr mejores resultados. Éstos te impulsarán continuamente a lograr más en cualquier momento dado.

CAPÍTULO 8: PLANIFICANDO PARA TU ÉXITO

El público en general no tiene la misma definición de éxito, pero desde un punto de vista amplio, hacer las cosas bien en el curso de la acción puede calificarse como éxito. Algunos son de la escuela de pensamiento de que el éxito tiene el resultado correcto de una decisión; un resultado soberbio después de que se cumple una intención. Sin importar cómo definas una vida exitosa, asegúrate de que algunos elementos deben ser vistos en ella. Algunos de elementos son la dedicación, el establecimiento de metas, la motivación y la resolución de problemas. Ninguno de estos rasgos se encontrará en el camino hacia la realización si no entiendes la intención detrás del éxito.

Entender tu intención te da un sentido de dirección. Ahora tienes una herramienta de decisión con la que trabajar. Podrías predecir de dónde vienes a tu destino. Te preguntarás: "¿Qué me empuja a fijar esos objetivos inalcanzables? ¿Por qué preveo volverme musculoso? "Tal vez me topé con él", puede que respondas. Hazte muchas de estas preguntas. Comprende lo que te impulsa. Desde aquí, la energía para seguir avanzando hacia el duro camino del logro se alimenta continuamente. Es posible que no necesites que otra persona te aliente a cumplirlo. Tú tu impulso interior serán suficiente motivación para ponerse en marcha.

Bueno, el éxito es intencional, y podrías prepararte para ello. Eso es lo que este capítulo promete mostrar.

6 TÉCNICAS PARA TENER ÉXITO EN ESTABLECER TUS METAS

1. Mira los pájaros ante el cielo

No me malinterpretes. Vivimos en un mundo sin limitaciones, y todo es posible. Pero necesitas ver las cosas que están más cerca de ti primero antes de que puedas alcanzar las cosas más lejanas. Busca una meta que puedas alcanzar fácilmente. Ninguna regla dice que debes empezar de una manera difícil. Y no tienes que complicarte cuando planifiques tus metas. Consigue los pequeños objetivos que puedas ahora, y la motivación te mantendrá inspirado para los más grandes.

2. Amplía tu horizonte

Haz que tu imaginación funcione. Mírate más allá del nivel actual en el que te encuentras ahora. Hasta que tu ser interior esté motivado para alcanzar la grandeza, será difícil, si no imposible, el llegar lejos. Acceda a tanta información como sea posible para alcanzar tus objetivos. Una mejor manera de trazar un plan es cuando se añade vitalidad al objetivo específico.

3. Admite tus contratiempos

La búsqueda de la perfección viene con mucha experiencia. No tendrías experiencia de una sola vez en un día. Lo que tú llamas fracaso constante es lo que te pone en la cima. Para que tú puedas avanzar en el cumplimiento de tus metas, acepta en todo momento tus fracasos. Reconocer las fallas te permite revisar tus acciones así como encontrar soluciones para las mismas.

4. Míralo de diferente forma

No hay motivo para andar con rodeos cuando la solución parece estar lejos. No seas demasiado complaciente con el logro de tus metas. Si estás atascado en un extremo, piensa en otras maneras de hacerlo. ¡Sé flexible! A veces, tu fecha límite puede haber excedido más allá de toda duda razonable. Ponte en marcha. Recuerde que lo que quieres lograr es posible. Si tu meta es estudiar cinco capítulos de un libro en cinco días, y al final del sexto día, todavía estás en el capítulo cuatro. No te desanimes y no te sienta mal por no cumplir con tu objetivo. Retoma el capítulo para el día siguiente. Asegúrate de revisar la causa del retraso y sigue adelante.

5. Estar orientado a los resultados

Lo que debería impulsarte es el éxito detrás de la meta. Probablemente enfrentarás distracciones. Pueden provenir de tu lugar de trabajo, de tu entorno o de tus amigos. Sea lo que sea, no debe detenerte de lo que te has propuesto lograr. Piensa y posiciona tu cerebro para la positividad. Vea cada desafío como una forma de mejorar. Visualiza tus resultados incluso antes de alcanzarlos. Crea una memoria de sonido para ti. Toma fotos de lo que usted etiqueta como un éxito. Cuélgalo a tu alrededor, y deja que te anime de vez en cuando. No sólo aumentará tu estado de alerta, sino que también hará que el viaje hacia el logro sea divertido.

6. No te distraigas.

Cuando se trata de prioridades, las metas no son semillas de diferentes frutos en una canasta. Deben ser vistos como los frutos de una semilla. Da preferencia a lo que se quiere lograr, y permite que esto dé lugar a otros objetivos. Este enfoque asegura que estés en el camino correcto para asegurar la productividad. Una gran distracción que no verás venir es cuando estés tratando de hacer muchas cosas a la vez.

5 CONSEJOS POCO CONOCIDOS DE EXPERTOS PARA ESTABLCER METAS

Buscar un vaso de agua parece a veces más relajado que fijarse una meta. Pero puede parecer tan difícil después de escribir sus objetivos, y no alcanzarlos. Puede ser una meta a largo plazo o a corto plazo. Los tuyos pueden ir desde una carrera hasta metas en la vida. De todos modos, la frustración puede aparecer cuando ninguna de ellas parece alcanzable. Los siguientes consejos le guiarán para tener éxito en el establecimiento de metas.

1. **Entiéndase a sí mismo**

Sócrates enfatizó el tema del "autoconocimiento". Él creía que nadie podía ser ayudado sin autoidentificarse. Sin embargo, las grandes mejoras en ciencia y tecnología han dado muchas respuestas a estas preocupantes preguntas. Sin embargo, la sabiduría detrás de conocer el tipo de ser humano que eres es esencial. Es un factor que hay que tener en cuenta para tener éxito en la consecución de los objetivos. Realice un análisis rápido de sus componentes.

- Empieza por hacer preguntas

¿De qué estás hecho? ¿Por qué pienso diferente de los demás? ¿Qué me causa ansiedad por los pequeños temas? ¿Por qué me pongo nervioso cada vez que veo extraños? No se pueden hacer preguntas como ésta hasta que se haya tomado el tiempo para pensar en algunas cosas que hace con frecuencia. El objetivo no es que te sientas inadecuado o deprimido. Es sólo para que te mejores.

- Analizar sus hallazgos

Revise sus capacidades sociales, espirituales, de salud, físicas, psicológicas e intelectuales. Un juego de comparación no funcionará aquí. ¡Este cheque es para ti! ¿Qué soy capaz de hacer? ¿Y a qué ritmo soy capaz de hacerlo? ¿Qué me hace aprender rápido con poca energía? "Creo que duermo más rápido cada vez que tomo cereales."

"¡Oh! Me duermo casi inmediatamente cada vez que me froto loción en los pies." El análisis te dará suficientes razones para hacer lo que haces.

- Hacer más hallazgos

No se detenga en tu descubrimiento. Haz más investigación en línea. Averigüe si los rasgos que vio en ti mismo también se encuentran en otras personas. ¿Cómo pudieron superarlo? ¿Fueron ellos mismos, o fueron ayudados por un amigo o profesional? ¿Se trata de un comportamiento infantil o de un comportamiento que acompaña al crecimiento hasta la edad adulta? Obtener respuestas a esas preguntas, y muchas más que le gustaría agregar, le da un sentido de identificación.

- Combinar factores

Podrías hacer una conclusión temporal basada en tus hallazgos. Por ahora, tú estás seguro de que lo que siente y cómo se siente es razonable. Tal vez lo que descubriste te ha mostrado que necesitas ayuda. ¡Bien! Estás progresando. No combine ninguna información si no ha realizado una investigación exhaustiva. Ponga cada una de estas entradas juntas y sírvete tú mismo.

2. Tener una definición clara de su objetivo

Lo que a veces vemos como un camino, a veces puede ser un bloqueo. Podemos tender a ver posibilidades de alcanzar un objetivo, pero al final, el resultado parece decepcionante. Esta es la razón. Los seres humanos no han podido decidir adecuadamente sin ningún tipo de prejuicio lo que quieren de la vida. No es tan fácil como pensamos, pero esto es lo que hace que el logro de la meta sea frustrante.

- Identificar la diferencia

Alto a la procrastinación

Sólo porque sea alcanzable no significa que tenga la misma estrategia que otros objetivos. Comprender la diferencia entre lo que se debe lograr en poco tiempo y lo que se debe cumplir durante toda la vida. Defina cuál es su meta en sus términos. Lo que alguien considera una meta a corto plazo puede ser una meta a largo plazo para ti. Un objetivo a largo plazo no se puede alcanzar si no se desglosa en partes más pequeñas. No hay ningún tecnicismo en absoluto. Una meta a corto plazo es lo que tú deseas alcanzar en un período corto, mientras que una meta a largo plazo tomará un período más largo para alcanzarla (puede ser por meses o años). Su amigo, que sueña con ser un contador público, puede planear ir a la escuela de negocios para ese propósito. Si no sabes que ir a la escuela de negocios es una estrategia para perseguir un objetivo profesional (que es convertirse en un contador público), puedes seguir el ejemplo y frustrarte al final.

- Elaborar estrategias y desglosar la diferencia

Para cada futuro, siempre hay un día para empezarlo. Ese día es el día en el que estás ahora mismo. Y en un día completo comprende horas, minutos y segundos. Haz una justificación de lo que se va a hacer actualmente (en este mismo momento) que ayudará a las próximas 1.220 horas que haya establecido la fecha límite.

Lo que deberían haber logrado en los próximos días no debería confundirse con los próximos años". Tú no tienes que preocuparte durante la próxima década cuando pueda cumplir con éxito el proyecto para el día siguiente.

Tu plan de acción podría consistir en extraer una foto de un bebé y pegarla en la parte posterior de la puerta junto con una imagen de adulto. Ver esas fotos debería recordarte esta guía.

- Tener una dirección clara

Alto a la procrastinación

Este es el punto en el que la toma de decisiones es esencial. Obtén la confianza para saber lo que quieres. No olvides que tu composición no es sólo psicológica. Tienes que ser lo suficientemente específico en cada área de tu vida.

- Decida y defina lo que desea

¿Qué es lo que quiero en la vida? ¿Qué quiero de la vida? Hazte esas preguntas. ¿Dinero o comodidad? Algunos podrían decir ambas cosas. Pero la verdad es que lo que queremos es un consuelo. Y sentimos que conseguir el tipo de placer que queremos necesita dinero para lograrlo. ¡Eso es cierto! La idea es esta: No queremos que nuestros cuerpos se estresen. Queremos que nuestras vacaciones sean en los lugares más lindos del mundo. El apartamento con vistas al mar siempre ha sido la residencia de nuestros sueños. Esa clase de comodidades que las riquezas pueden obtener podrían no ser del agrado de algunas personas.

Dar a los orfanatos da alivio a algunas personas. Las donaciones a las ONG pueden dar confianza a algunos. Por lo tanto, define lo que quieres y no te confundas debido a las necesidades de otra persona. Tu descubrimiento no debe ser apilado sólo en tu cabeza. Ayúdate a ti mismo escribiéndolo. Tu diario o agenda puede ser un gran amigo con el que se puede resumir.

- Identificar el proceso involucrado

Alcanzar una meta no es automático. No viene como lo proyectamos muchas veces. Hay pasos a seguir para tener éxito en ello. Asegúrate de maximizar cada proceso antes de pasar al siguiente. Podrías haberte fijado el objetivo de leer tres capítulos de un libro al día. Hasta que no haya dominado la consistencia en la lectura de esos tres capítulos, no deberías pensar en aumentar tus metas de lectura a cinco capítulos.

- Llenar el hueco

Motívate para seguir adelante. Siempre que parezca que has perdido tu rutina para alcanzar tus metas, consigue un sustituto para compensar por ello. Podría implicar hacer una revisión o revisión del progreso de tus metas anteriores. Es posible que decidas obtener más información sobre lo que has estado haciendo recientemente. Asegúrate de que no te estás quedando atrás. Ten en cuenta que no debes tomar esto como una excusa perfecta para eludir responsabilidades.

3. Dé el primer paso y continúe

Nada puede ser tan difícil como tener el valor de empezar. Habiendo hecho un análisis apropiado de quién eres y de lo que eres capaz de hacer, ahora eres muy consciente de tus capacidades mentales e intelectuales. Es hora de ponerlos a trabajar.

Empieza con tus habilidades. Todo el mundo tiene algo con lo que es bueno. Y tú no eres una excepción. Dedica tu pasión a tus habilidades descubriendo lo que te ayudará a hacer más. Nuestro objetivo aquí es que canalices esas habilidades para facilitar el establecimiento de tus metas.

4. Obtener un modelo

Imagínate cómo piensa un niño cuando escribe con un lápiz. Es fácil al principio, porque su mano fue sostenida mientras escribía. Alcanzar las metas puede ser lo mismo cuando hay una estructura a seguir.

- Modelo externo

La vida es práctica, así como todo lo que existe en ella. Tu gran motivación podría surgir de tener un modelo de vida. Este modelo es alguien que ha sobresalido en su proyecto propuesto. Podrías decidir elegir un líder de tu lugar de trabajo o de tu grupo social. Los atributos de un líder deben ser más inspiradores que los de un jefe.

Descubra uno en el camino de tu persecución. Incluso podría ser en tu reunión religiosa. Una de las cosas hermosas que hay que descubrir en un modelo es el patrón ya preparado que hay que seguir. Es más bien como tener una plantilla con la que trabajar. Con ella, la vida se vuelve más real para ti. Tenderás a encontrar la orientación adecuada sobre lo que haces.

- Sé tu mayor activo

Es bueno que haya alguien alrededor para controlarnos. Pero la mayor motivación que obtendríamos es la energía que proviene de nuestro interior. Nadie puede animarte más que tú mismo. Inspírate a ti mismo a la grandeza. Mírate a ti mismo como un ayudante y como el que necesita ayuda. Es un enfoque contemporáneo para resolver el problema. Eres tanto el consejero como el cliente. Piensa en el tipo de consejo que le darías a un amigo en apuros. Date esto a ti mismo cuando estés en apuros. Puede que no sea fácil al principio. No olvides que este es tu primer intento. Una mejor manera de hacerlo bien es que escribas los consejos cruciales que has dado antes. Debes ser capaz de idear advertencias relevantes que han elevado el espíritu de la gente en un momento dado. Úsalos para ti mismo. También, piense en el mensaje de felicitación que le envió a su familiar en un momento en que él/ella hizo algo espectacular. Menciónatelo a ti también.

5. Revise su progreso

Siempre ten en cuenta que tu desarrollo es significativo. Haz una revisión de rutina de tu meta. Haz preguntas relevantes tales como el proceso, los recursos, el sacrificio y el tiempo involucrado. No finjas que no has estado haciendo nada. Vuelva a repasar el primer consejo de esta sección y aplíquelo a tu estrategia de revisión.

7 PASOS IMPORTANTES PARA PLANIFICAR EL ÉXITO

El éxito en la vida no es accidental. Y para romper la barrera de los principios fallidos, necesitas una nueva conciencia. Define tu éxito, entiende el propósito, y ambos podemos trabajar en un plan. Este enfoque ayudará a abrir la capacidad de afectar el cambio en tu vida. Tiene que venir como una opción para el desarrollo personal.

1. Prepárate mentalmente

Hay realidades para una vida exitosa, y una de ellas tiene que empezar dentro de nosotros. Necesitas estar preparado mentalmente. Esto significa que has establecido tu mente en lograr el éxito. Y tener éxito es la única opción que tienes. Prepara tu mente para ejecutar una tarea diferente que requerirá sacrificio. Habrá una reorganización del tiempo pasado, amigos con los que pasar el tiempo y ciertas cosas que hacer en un período en particular. Crea esa mentalidad positiva para superar cualquier desafío cuando aparezca. Es posible que necesites desarrollar muchas habilidades con las que no estás familiarizado. Debes estar preparado para aceptar el fracaso como un peldaño para ser mejor. Dejar de fumar no debe ser una ruta de escape hacia el fracaso.

2. Mantener una meta expresada

Ser específico sobre el tipo de éxito que deseas es una mejor manera de planearlo. Exprésalo escribiéndolo. Podrías decidir hacerlo más profesional. Estructúralo como una declaración. Que sea lo más transparente posible. Combina las palabras correctas que pondrán tu pie en marcha. No escribas ninguna declaración que parezca demasiado general. Deja que revele su intención de lograr resultados.

3. Recursos de empleados

Se espera que la confusión se establezca durante el viaje del éxito. Prepararse para ello es una manera de demostrar que estamos preparados para ello. Busca personas influyentes a tu alrededor. Algunas personas han estado donde tú planeas estar. Descubre uno de ellos y suscríbete a su enseñanza. Entra en línea y regístrate para recibir correos electrónicos que sean relevantes para tus planes. Escucha y sigue los programas de televisión que se ocupan de las finanzas y la inversión. La transmisión de varios videos en YouTube tampoco sería una mala idea.

4. Asegurar un plan

A estas alturas, ya deberías haber sido capaz de reunir suficiente conocimiento para darte una ventaja. Diseña la estrategia que más te convenga. No olvides que no necesitas generalizar tus métodos, y empezar por lo pequeño es algo que no deberías olvidar tan pronto. Darse cuenta de las oportunidades que se presentan en el cumplimiento de cada estrategia y aprovéchalas.

5. Invertir en tiempo

A estas alturas, ya deberías haber sido capaz de identificar tus prioridades. La prioridad es muy importante en la planificación del éxito. No te concentres en una cosa sin crear tiempo extra para que funcione. Durante este tiempo, investiga más sobre tus planes, revísalos y medítalos. Aprende lo que necesitas saber sobre acciones específicas y desarróllate en ellas.

6. Impulsores

Ve y crea suficiente motivación para mantenerlo en marcha. Empieza con tu fuerza de voluntad. Resuelve cada ansia interior. No querrás volver a tener contratiempos, ¿verdad? ¡No! Luego, coloca los impulsores para ti. No olvides que nadie puede darte verdadera felicidad más que tú mismo. Lo mismo sucede con la motivación. Ten razones para encontrar la alegría en tus estrategias para el éxito, y es por eso por lo que es mejor adoptar un plan que más se ajuste a tus necesidades. Puedes extender un poco de tu motivación a tu amigo. Esta acción funcionará bien cuando les informes de su progreso, y en cada desarrollo, te recompensarán (basado en el consentimiento mutuo).

Podrías hacer un esfuerzo extra para crear lo que yo llamé "competencia de progreso". Significa tratar de obtener mejores resultados en cada pequeño éxito. Este esfuerzo siempre traerá la conciencia para volverse mejor porque continuamente ves el próximo logro como una actualización al anterior. Tu enfoque aquí es asegurar la mejora constante en cada línea de acción.

7. Aprender de las tácticas

El mundo gira en torno a las ideas, y a través de ellas nacen las innovaciones. Estudia a los líderes mundiales y a las personas exitosas. Hay atributos específicos que los hacen sobresalir en sus respectivos campos. Puedes adoptar algunos de sus principios. Si funciona para ellos, seguramente sería una guía perfecta para ti también.

PLAN PASO A PASO DE 30 DÍAS PARA AYUDARTE A CREAR HÁBITOS Y AUMENTAR TU PRODUCTIVIDAD

Creo que lo has pasado de maravilla repasando el contenido de este libro. Algunas de las cosas que se han enumerado aquí son pequeñas partes de las cosas que puedes hacer para estimular tu creatividad. A estas alturas ya deberías estar poniendo las cosas en su sitio para poder vencer tus distracciones, crear más concentración y mantenerte motivado. Sabemos que las prácticas aleatorias no conducen fácilmente al éxito. Tiene que haber un plan para obtener lo mejor de las instrucciones. Por eso, he decidido regalarte este plan paso a paso de 30 días para mejorar tu creatividad, motivación y productividad. Este plan está cargado de pequeños puntos que cambiarán tu vida día a día durante los próximos treinta días. Todo lo que tienes que hacer es seguirlo estrictamente y no dudar en ningún momento, sin importar lo cansado que te sientas.

Este aspecto del libro se ha dividido en 30 partes, que representan los treinta días en los que se darán los pasos. Podrás preguntarte si es realmente necesario tomarla un día a la vez. Bueno, depende de ti. Si ya ha conquistado un día del plan, puede pasar al siguiente. Incluso después de experimentar el éxito, por favor no abandones las instrucciones contenidas aquí. Revísalos de vez en cuando, probablemente cada 60 días o como creas conveniente. Toma esto como una guía. Tú te conoces mejor a ti mismo y sabe cómo se adaptarán estas pautas. No dudes en modificarlos como mejor te parezca. No olvides mantener cada hábito que estás desarrollando durante estos treinta días. Cambiará tu vida. Te deseo el éxito.

Día 1	Día 2
Mañana	Mañana
1. Ejercitar el cuerpo durante unos 10 minutos. 2. Escucha un podcast motivador. 3. Consume una dieta bien balanceada de la lista de alimentos altamente energéticos (ejemplo: arroz integral y batatas). 4. Haz que la mente funcione. Tarde 1. Estudia la tarea en cuestión y trate de identificar los beneficios que se te ofrecen si eres capaz de completar la tarea específica. 2. Toma una breve siesta energética. 3. Lee un libro y refresca la mente.	1. Despeja el escritorio de trabajo en el trabajo. 2. Salta y ejercita el cuerpo durante veinte minutos. 3. Repite algunas afirmaciones positivas a ti mismo. Tarde 1. Trata de encontrar maneras y razones para amar mi trabajo aún más. 2. Divide las tareas principales en partes. 3. Establece un marco de tiempo para completar cada parte de las tareas desglosadas. 4. Acaba con todo lo que pueda presentarse como una especie de vía de escape de la tarea en cuestión.

Alto a la procrastinación

Día 3	Día 4
Mañana 1. Despeja el escritorio de trabajo en el trabajo. 2. Salta y ejercita el cuerpo durante veinte minutos. 3. Repite algunas afirmaciones positivas a ti mismo. Tarde 1. Estudia la tarea en cuestión y trata de identificar los beneficios que se te ofrecen si eres capaz de completar la tarea específica. 2. Toma una breve siesta energética. 3. Lee un libro y refresca la mente. Noche 1. Haz una breve evaluación de mis principales objetivos de vida y ve hasta dónde has llegado para alcanzarlos. 2. Evalúa el día y regáñate de cualquier error cometido.	Mañana 1. Escucha un podcast motivador. 2. Despeja el escritorio de trabajo en el trabajo. Tarde 1. Descansa un poco haciendo algo divertido como escuchar música, pasear con el perro o conversar con un compañero de trabajo. 2. Toma una siesta corta si te sientes cansado o un poco estresado. Esto ayudará a reponer tu mente. 3. Trata de reducir la carga de trabajo postergando algunas de ellas a un momento posterior. Nota: Tú no estás postergando las cosas. Tú sólo estás tratando de

	proveer a tu mente con la claridad necesaria para completar una tarea en particular. Noche 1. Vuelve a leer el capítulo seis de este libro y descubre lo bien que has estado lidiando con las instrucciones.
Día 5	Día 6
Mañana 1. Combina de manera creativa cualquiera de los alimentos que estimulan la energía enumerados en el capítulo uno. Tarde 1. Divide las tareas principales en partes. 2. Establece un marco de tiempo para completar cada parte de las tareas desglosadas. 3. Acaba con todo lo que pueda presentarse como una especie de vía de escape de la tarea en cuestión. Noche 1. Evalúa el día y regañarte de cualquier error cometido. 2. Tome decisiones importantes para el día siguiente de esta noche.	Mañana 1. Escucha un podcast motivador. 2. No hay tiempo frente a una pantalla hasta que completes una tarea importante. Tarde 4. Estudia la tarea en cuestión y trata de identificar los beneficios que se te ofrecen si eres capaz de completar la tarea específica. 5. Toma una breve siesta energética. 6. Lee un libro y refresca la mente. Noche

	1. Evaluar el día y regañarte por cualquier error cometido. 2. Repasa el capítulo cuatro de este libro y recuerda su contenido.
Día 7	Día 8
Mañana 1. Combina de manera creativa cualquiera de los alimentos que estimulan la energía enumerados en el capítulo uno. Tarde 1. Toma una breve siesta de poder. 2. Coma frutas para el cerebro como los arándanos. 3. Dedica una hora a completar una tarea importante. Noche 1. Pasar la noche haciendo una lluvia de ideas con personas en mi campo que pueden ser buenos mentores. 2. Averiguar maneras prácticas en las que pueda conectarme con ellos y hacer que escojan el interés en ayudarme.	Mañana 1. Medita durante 10 minutos seguidos. 2. Limpia y despeja tu casa y tus espacios de trabajo para darte alguna forma de claridad. 3. Realiza la tarea más tediosa esta mañana. Noche 1. Crea una lista de actividades para el día siguiente. 2. Lea un capítulo de cualquier libro. 3. Vea un video inspirador.
Día 9	Día 10
Mañana 1. Escucha un podcast motivador.	Mañana 1. Toma un vaso de agua a primera

2. Combina de manera creativa cualquiera de los alimentos que estimulan la energía enumerados en el capítulo uno. Tarde 1. Divide las tareas principales en partes. 2. Establece un marco de tiempo para completar cada parte de las tareas desglosadas. 3. Acaba con todo lo que pueda presentarse como una especie de vía de escape de la tarea en cuestión. Noche 1. Repasar el capítulo uno de este libro y recordar su contenido.	hora de la mañana. 2. No hay tiempo de pantalla esta mañana hasta que hayas completado una tarea en particular completamente. Tarde 1. Llama a tu mentor y háblale de tu progreso. 2. Completa una parte de una tarea importante. Noche 1. Lea el capítulo dos de este libro y evalúe qué tan bien has seguido las instrucciones. 2. Responde correos electrónicos y mensajes de respuesta.
Día 11	Día 12
Mañana 1. Medita durante 15 minutos seguidos. Tarde 1. Toma una breve siesta de poder. 2. Come frutas para el cerebro como los arándanos. 3. Dedica una hora a completar una tarea importante. Noche	Mañana 1. No hay tiempo de pantalla hasta las 9 de la mañana. 2. Comienza una tarea importante. Tarde 1. Toma una breve siesta de poder. 2. Come frutas para

1. Haz una lista de las cosas por las que estás agradecido. 2. Recompensarte con algo placentero.	el cerebro como los arándanos. 3. Dedica una hora a completar una tarea importante. Noche 1. Repase el capítulo siete de este libro y recuerde su contenido. 2. Vete a la cama temprano para la mañana siguiente.
Día 13	Día 14
Mañana 1. Combina de manera creativa cualquiera de los alimentos que estimulan la energía enumerados en el capítulo uno. 2. Llama a tu mentor y averigua cómo les va. Tarde 1. Haza una pausa de 10 minutos y refresca la mente ya sea con un capítulo de un libro o con un corto clip de inspiración. Noche 1. Haz una lista de cosas por hacer para el día siguiente. 2. Haz una lista de cosas por las que estar agradecido. 3. Haz un balance de los progresos realizados durante el día.	Mañana 1. Muestra gratitud por las cosas buenas de tu vida. 2. Haz una breve evaluación de tus principales objetivos de vida y ve hasta dónde has llegado para alcanzarlos. 3. Produce una estrategia claramente definida para el día de mañana. Tarde 1. Mantente consciente y trata de identificar las causas principales de tu pereza.

	2. Repasa el capítulo ocho de este libro y recuerda su contenido. Noche 1. Haz una lista de cosas por hacer para el día siguiente. 2. Haz una lista de cosas por las que estás agradecido. 3. Haz un balance de los progresos realizados durante el día.
Día 15	Día 16
Mañana 1. Escucha un podcast motivador. 2. A mitad del plan de 30 días: Evaluarte y averiguar qué tan bien te ha ido. Tarde 1. Comienza una tarea importante y un marco de tiempo para que esta tarea sea completada. 2. Toma una breve siesta de poder. Noche 1. Sal y pasa la noche con un amigo o colega.	Mañana 1. Haz que la mente funcione participando en algunos juegos mentales. 2. Despeja el escritorio en el trabajo. 3. Divide todos los proyectos grandes en proyectos más pequeños. Tarde 1. Toma una breve siesta de poder. 2. Come frutas para el cerebro como los arándanos. 3. Dedica una hora para completar

	una tarea importante. Noche 1. Evaluar y averiguar cuánto has cubierto para lograr mis objetivos.
Día 17	Día 18
Mañana 1. Combina de manera creativa cualquiera de los alimentos que estimulan la energía enumerados en el capítulo uno. 2. No hay tiempo de pantalla hasta las 9 de la mañana. Usa el tiempo para terminar una tarea importante. Tarde 1. Repasa el capítulo siete de este libro y recuerda su contenido. 2. Toma una breve siesta de poder. 3. Coma frutas para el cerebro como los arándanos. Noche 1. Sal y diviértete. 2. Apréciate por cualquier éxito registrado.	Mañana 1. Combina de manera creativa cualquiera de los alimentos que estimulan la energía enumerados en el capítulo uno. 2. Completa las tareas más difíciles del día esta mañana. Tarde 1. Trata de encontrar maneras y razones para amar tu trabajo aún más. 2. Divide las tareas principales en partes. 3. Establece un marco de tiempo para completar cada parte de las tareas desglosadas. 4. Acaba con todo lo

	que pueda presentarse como una especie de vía de escape de la tarea en cuestión. Noche 1. Haz una breve evaluación de tus principales objetivos de vida y vea hasta dónde has llegado para alcanzarlos.
Día 19	Día 20
Mañana 1. Repasa el capítulo dos de este libro y recuerda su contenido. 2. Combina de manera creativa cualquiera de los alimentos que estimulan la energía enumerados en el capítulo uno. Tarde 1. Divide las tareas principales en partes. 2. Establece un marco de tiempo para completar cada parte de las tareas desglosadas. 3. Acaba con todo lo que pueda presentarse como una especie de vía de escape de la tarea en cuestión. Noche 1. Habla contigo y abordar cualquier forma de miedo al fracaso que persista en tu mente. 2. Reafirma algunas de las citas enumeradas en el capítulo tres de este libro.	Mañana 1. Escucha un podcast motivador. 2. Combina de manera creativa cualquiera de los alimentos que estimulan la energía enumerados en el capítulo uno. Tarde 1. Navega por Internet y estudia la vida de una persona de éxito que admiras. Noche 1. Haz una lista de los cambios más importantes en tu vida desde el

Alto a la procrastinación

	comienzo del plan de 30 días. 2. Recompensarte.
Día 21	Día 22

Mañana
  1. Combina de manera creativa cualquiera de los alimentos que estimulan la energía enumerados en el capítulo uno.
  2. Inicia una tarea importante.
Tarde
  1. No hay tiempo de pantalla hasta las 3 PM.
  2. Continúa con la tarea principal desde la mañana.
Noche
  1. Ve y recompénsate.
	Mañana
	  1. Escucha un podcast motivador.
	  2. Medita
	Tarde
	  1. Toma una breve siesta de poder.
	  2. Coma frutas para el cerebro como los arándanos.
	  3. Dedica una hora a completar una tarea importante.
	Noche
	  1. Haz una breve evaluación de tus principales objetivos de vida y ve hasta dónde has llegado para alcanzarlos.

Día 23	Día 24

Mañana
  1. Haz que la mente funcione participando en algunos juegos mentales.
Tarde
  1. Trata de encontrar maneras y
	Mañana
	  1. Escucha un podcast motivador.
	  2. Haz ejercicio durante 10

razones para amar tu trabajo aún más. 2. Divide las tareas principales en partes. 3. Establece un marco de tiempo para completar cada parte de las tareas desglosadas. 4. Acaba con todo lo que pueda presentarse como una especie de vía de escape de la tarea en cuestión.	minutos. Tarde 1. Toma una breve siesta de poder. 2. Coma frutas para el cerebro como los arándanos. 3. Dedica una hora a completar una tarea importante. Noche 1. Sal por una noche con un colega o amigo.

Alto a la procrastinación

Día 25	Día 26
Mañana 1. No hay tiempo de pantalla hasta las 9 de la mañana. 2. Empieza una tarea importante. Tarde 1. Estudia la tarea en cuestión y trate de identificar los beneficios que se te ofrecen si eres capaz de completar la tarea específica. 2. Toma una breve siesta energética. 3. Lee un libro y refresca la mente. Noche 1. Repasa el capítulo seis de este libro y recuerde su contenido. 2. Completa una tarea importante.	Mañana 1. Combina de manera creativa cualquiera de los alimentos que estimulan la energía enumerados en el capítulo uno. Tarde 1. Estudia la tarea en cuestión y trate de identificar los beneficios que se te ofrecen si eres capaz de completar la tarea específica. 2. Toma una breve siesta energética. 3. Lee un libro y refresca la mente. Noche 1. Haz una breve evaluación de tus principales objetivos de vida y ve hasta dónde has llegado para alcanzarlos.

Día 27	Día 28
Mañana 1. Combina de manera creativa cualquiera de los alimentos que estimulan la energía enumerados en el capítulo uno. 2. Evalúa tu plan a largo plazo y descubrir lo que no está produciendo resultados. 3. Piensa en nuevas ideas y planifica para crear una mejor solución. Tarde 1. No hay tiempo frente a una pantalla hasta que complete una tarea importante. 2. Haz una breve siesta energética. 3. Ve a dar un paseo y refresca tu mente. 4. Realiza el ejercicio cuatro y los ejercicios de enfoque enumerados en el capítulo cinco. Noche 1. Recompénsate por el día. 2. Evalúate y descubre el éxito que has tenido a lo largo de la semana.	Mañana 1. Medita durante 10 minutos. 4. Repasa el capítulo ocho de este libro y recuerda su contenido. Tarde 1. Estudia la tarea en cuestión y trate de identificar los beneficios que se te ofrecen si eres capaz de completar la tarea específica. 2. Toma una breve siesta energética. 3. Lee un libro y refresca la mente. Noche 1. Haz una breve evaluación de tus principales objetivos de vida y ve hasta dónde has llegado para alcanzarlos.
Día 29	Día 30
Mañana 1. Combina de manera creativa cualquiera de los alimentos que estimulan la energía enumerados en el capítulo uno.	Mañana 1. Haz que la mente funcione participando en algunos juegos mentales. 2. Combina de manera

Alto a la procrastinación

Tarde 1. Repasa el capítulo tres de este libro y recuerde su contenido. 2. Completa una tarea importante antes de tener tiempo de pantalla. Noche 1. Llama a tu mentor y pídele consejo sobre algunos puntos específicos de preocupación. 2. Haz planes sobre cómo poner en práctica los consejos dados.	creativa cualquiera de los alimentos que estimulan la energía enumerados en el capítulo uno. Tarde 1. Estudia la tarea en cuestión y trata de identificar los beneficios que se te ofrecen si eres capaz de completar la tarea específica. 2. Toma una breve siesta energética. 3. Lee un libro y refresca la mente. Noche 1. Haz una breve evaluación de tus principales metas en la vida y ve lo lejos que has llegado con el logro de ellas. 2. Haz evaluaciones y vea cuánto has avanzado en el plan de 30 días.

CONCLUSIÓN

Definitivamente ha sido un viaje, y creo que tú te has sentido motivado para superar la procrastinación y aumentar tu productividad. Pero recuerda, no termina ahí. Tienes que poner tu esfuerzo para lograr el éxito finalmente. Una cosa es leer un libro excelente y estar motivado, y otra cosa es poner en práctica todo lo que se ha enseñado. Es la acción la que diferencia a un ganador de un perdedor. Entonces, ¿Cuál será para ti? ¿Terminarás este libro y olvidarás todo lo que se te enseñó? Espero que no, porque eso sería un desastre. Comienza a aplicar todas las tácticas y técnicas que se han enumerado y ve cómo tu vida cambia para mejor.

He simplificado las instrucciones contenidas en este libro para ti, en forma de un plan de 30 días. Sigue las instrucciones dadas día tras día, y síguelas de manera consistente y religiosa. Recuerda que el cambio es un proceso gradual. Puede que no notes el cambio el primer día, pero con el tiempo verás que ya no eres la misma persona. Las investigaciones han demostrado que cualquier acción que se lleve a cabo durante más de 21 días se convierte finalmente en un hábito. Por lo tanto, para crear el hábito de la productividad, tienes que seguir los pasos que te he dado. Al final de los 30 días, notarás un gran cambio en tu vida y tendrás un testimonio para compartir con tus amigos.

Te deseo éxito y más productividad en tu vida mientras tomas acción hoy. Recuerda, tu mente está bajo tu control.

www.ingramcontent.com/pod-product-compliance
Lightning Source LLC
Chambersburg PA
CBHW031124080526
44587CB00011B/1100